小型商贸企业
财务工作实训教程
——超市财务工作实训指导

李婷婷　魏国建　李　谦◎主编

吉林大学出版社

·长 春·

图书在版编目（CIP）数据

小型商贸企业财务工作实训教程：超市财务工作实训指导 / 李婷婷, 魏国建, 李谦主编. -- 长春：吉林大学出版社, 2020.7
ISBN 978-7-5692-6747-1

Ⅰ. ①小… Ⅱ. ①李… ②魏… ③李… Ⅲ. ①超市 - 企业会计 Ⅳ. ①F717.6

中国版本图书馆 CIP 数据核字(2020)第 128179 号

书　　名	小型商贸企业财务工作实训教程——超市财务工作实训指导	
	XIAOXING SHANGMAO QIYE CAIWU GONGZUO SHIXUN JIAOCHENG	
	——CHAOSHI CAIWU GONGZUO SHIXUN ZHIDAO	
作　　者	李婷婷　魏国建　李谦　主编	
策划编辑	徐佳	
责任编辑	马宁徽	
责任校对	宋睿文	
装帧设计	朗阅文化	
出版发行	吉林大学出版社	
社　　址	长春市人民大街 4059 号	
邮政编码	130021	
发行电话	0431-89580028/29/21	
网　　址	http://www.jlup.com.cn	
电子邮箱	jdcbs@jlu.edu.cn	
印　　刷	四川科德彩色数码科技有限公司	
开　　本	787mm × 1092mm　1/16	
印　　张	6	
字　　数	100 千字	
版　　次	2020 年 7 月　第 1 版	
印　　次	2020 年 7 月　第 1 次	
书　　号	ISBN 978-7-5692-6747-1	
定　　价	30.00 元	

目　录

第一部分　小型超市财务工作介绍

学习引导

商品流通企业是社会经济生活中活跃的经济元素。随着市场开发深度扩展，大大小小的商品流通企业出现在我们的生活里。本书第一部分以商品流通企业中的小型超市的业态作为切入点，旨在使学员了解小型商贸企业日常财务主要岗位工作内容、工作规范流程，为第二部分分项目实训打下良好基础。

学习内容与要求

（1）第一部分主要是理论介绍，主要针对小型超市日常营业收入管理、往来业务核算与管理、存货登记与管理、月度账务处理及纳税申报四个方面的岗位工作进行讲解，要求学员对这四方面工作能进行深入了解，并理解这些工作在实务中的重要意义。

（2）针对每一项岗位工作，本章节将配套文字讲述提供浅显易懂的流程图，有助于大家理解工作操作步骤，规范工作流程。要求学员熟记每个岗位工作的操作流程，并在第二部分实训中，按流程操作，规范完成各项任务。

模块一　日常营业收入管理

日常营业收入是企业重要的资金流入。在普通超市的运营过程中，收入并非发生时即进入到财务人员的手里的，每日的营业款项收缴需由"收银员"配合财务人员中的"出纳员"来完成。

小型超市如何来监控营业收入的入库管理呢？我们在超市购买东西结账时会发现，销售的商品会经过收银员的手，在红外线扫码机上进行扫码，发出"嘀"的一声，且收费显示器上同时显示金额，顾客会看到自己的消费情况。没错，你所看到的这一套系统正是超市日常营业收入管理依赖的得力"助手"——超市收银系统。超市收银系统开发时一般都会具有前台销售、日销售明细、库存统计、采购进货、库存调整、商品管理、VIP管理等功能，能够有效地提升超市的收银效率和改善商品的管理制度。众所周知，超市销售的商品种类繁多，光靠人力是无法及时有效开展管理的，通过超市收银系统进行有序操作，管理者可以利用检索功能准确知道一定时间内的资金流入和商品流出情况，以便进行相关的经营分析。

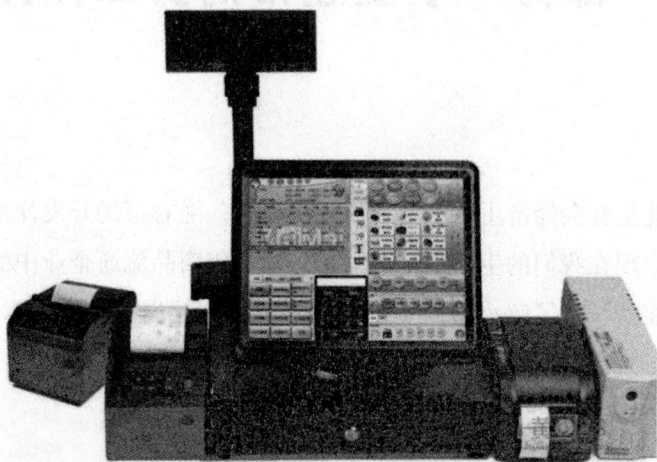

图1-1-1　超市常用收银系统前台硬件配置

那么收银员和出纳员是如何通过超市收银系统开展工作的呢？

（1）钱款清点

每天收银员上班和下班都需要打卡考勤，上班和下班之间的销售收入将计入当班收银员名下。交接班时，当班收银员需通过收银系统读取自己上班期间收取的营业款金额（含现付、刷卡、签单销售情况），并将该笔款项及时交接给出纳员，出纳员通过后台权限进入收银系统后台，查看到各位前台收银员收银情况，并核对缴款数量、真伪，完成营业收入入库。

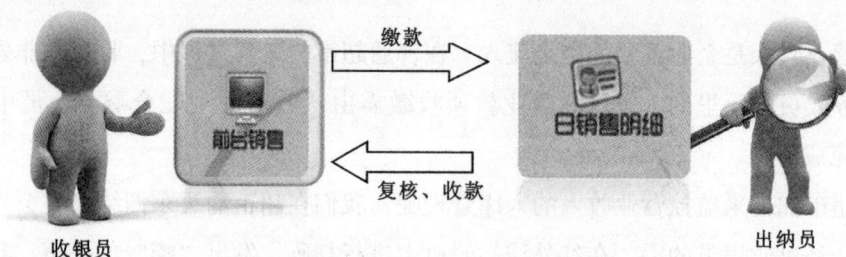

图1-1-2　收银员、出纳员钱款清点流程

（2）数据记账

出纳员是日常营业收入的主要管理者。每天的销售收入清点完之后，出纳员需按时将当日收入情况登记起来，一般可以通过流水账的方式进行记录。随着电脑使用普及，excel

在财务管理中广泛运用，越来越多的出纳员借助 excel 的强大功能记录销售收入流水账，以便及时汇总，方便向上级汇报。

（3）营业收入缴存银行

过多的钱款放置在超市财务科当中是不可取的，这会对资金安全造成压力。我国《现金管理暂行条例》第九条明确指出："开户银行应当根据实际需要，核定开户单位 3 天至 5 天的日常零星开支所需的库存现金限额。边远地区和交通不便地区的开户单位的库存现金限额，可以多于 5 天，但不得超过 15 天的日常零星开支。"此外，《现金管理暂行条例》还规定："单位收到现金收入，应当在当日送存银行，当日送存银行有困难的，由开户银行决定送存时间。"由此可知，出纳员需要及时将每日的收入款送存银行，确保资金安全。

（4）提取备用金

超市每天都需要预留一定的资金以便零星开支或应对突发事件。那么，出纳员从银行提取备用金是不是像个人在 ATM 机取款那么简单呢？当然没那么随意简单。为了严格控制公户上的钱款使用，确保资金安全，一般出纳员去提款之前，必须完成一系列手续。最重要的一个环节就是准确无误填写"现金支票"，并加盖企业财务章、法人私章，签章的款式必须与此前预留在银行备案的印章完全一致，才可以顺利提取钱款。

（5）营业收入管理常见单据

为了做到有理有据，合法合理，上述四项工作在实务操作中会需要使用到一些特定的单据，接下来将一一介绍给大家。

①钱箱取款单、收银员交班清单或收银员日报表

常用的超市收银系统是财务工作有序开展的重要平台。在清点钱款之前，当班的收银员交接班时，需要从系统中导出自己的当班收银数据，打印出钱箱取款单、收银员交班清单或收银员日报表，并据此将钱款如数转交出纳员复核。（详见图 1－1－3）

```
实战超市
                  钱箱取款单
取款时间        2019/2/22      16:14:37
收银员          020 韦兰静
钱箱总金额        374.60
取款金额          0.00


                收银员交班清单
电脑名称        PC-201901251655
仓库            总仓库
收银员          020 韦兰静
日期            2019/2/22
首笔时间            9:05
末笔时间            16:12
打印时间            16:14:47
收款方式          现金        374.60
               其中  刷卡      175.90

合计金额                   374.60
```

图 1-1-3　钱箱取款单、收银员交班清单

②收款收据

当收银员将当班销售收入钱款交付给出纳员时，为了证明钱款收讫，需要收银员和出纳员当面填写"收款收据"，签名画押，以兹证明。当然，出纳员在开出收款收据前，需认真清点钱款金额，并辨别真伪，一旦钱款交割，风险就转移到了出纳员一方。收据至少一式两份，收银员、出纳复写后各执一份。（详见图 1-1-4）

```
            收    据          No 1405974
            RECEIPT            年   月   日

  今收到 _____

  _____

  _____

  金额（大写） 佰  拾  万  仟  佰  拾  元  角  分
  收款单位（盖章）              ¥：_____

  核准    会计：    记帐：      出纳：      经手人：
  Approve Accountant Chalk it up Cashier  Clean with
```

图 1-1-4　收款收据

③营业款结算单

营业款结算单是出纳员汇总了当日所有收银员钱款之后编制的单据。结算单上重点反

映的是当日的销售收入总额及各类支付手段交付资金的具体数额。总体而言，可以从这个单据上看到每天销售资金是通过什么方式进行结算的（详见图 1－1－5）。随着 4G 以至 5G 时代的到来，基于互联网的支付方式发生重大变革，门店消费结算不仅可以使用现金或卡（银行卡或内部使用的消费卡），还可以使用支付宝、微信等更为便利的支付手段。因此，为了进一步分清销售资金的来源渠道，超市还可以根据实际情况，在结算单据上增加"微信＿＿＿＿＿元"或"支付宝＿＿＿＿＿元"。

实战超市营业款结算

今收到交来营业款小写＿＿＿＿＿元，大写＿＿万＿＿仟＿＿佰＿＿拾＿＿元＿＿角＿＿分。备注：＿＿＿＿＿系签单＿＿＿＿元。学生卡＿＿＿＿＿元。老师卡＿＿＿元

领导审核：　　　　　店长：　　　　　财务：　　　　　交款人：
　　　　　　　　　　　　　年　　月　　日

图 1－1－5 营业款结算单

④营业额日报表

营业额日报表可以用来汇总各日各类结算方式实现的销售收入。利用 excel 的汇总计算功能，可以随时查到截至某日实现的销售总额情况及各类结算方式对应的资金结算情况。通过此表，我们还可以直观地看到日收入的增减情况。

2019年2月营业额日报表

年　　月　　日

日期	现金营业额	签单金额	学生刷卡	合计
合计				

审核：　　　　　　制表人：　　　　　　财务：

图 1－1－6 营业额日报表

⑤现金缴款单

现金缴款单是单位将现金缴存银行账户时所填写的原始凭证，一般第一联银行加盖相关印章后退给单位作为回单，第二联加盖相关印章作为银行的记账凭证。每日销售收入送存银行时需填写该单据。（详见图 1 －1 －7）

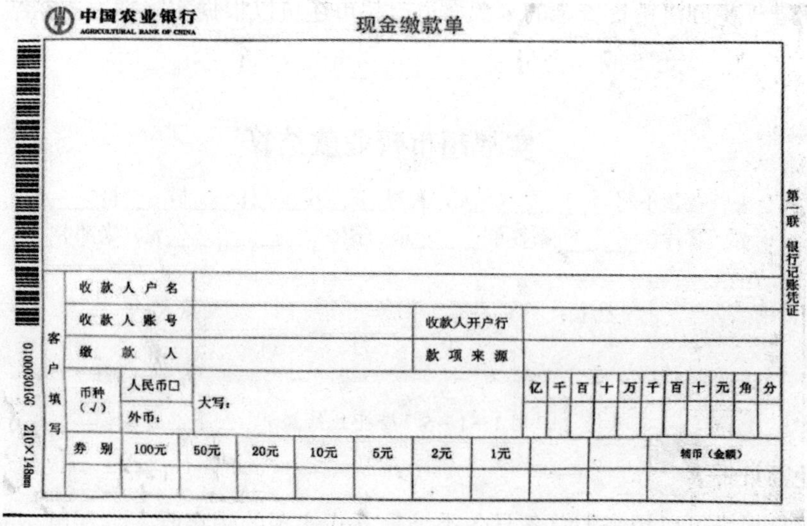
中国农业银行 AGRICULTURAL BANK OF CHINA

现金缴款单

客户填写	收款人户名														
	收款人账号					收款人开户行									
	缴款人					款项来源									
	币种（√）	人民币□	大写：			亿	千	百	十	万	千	百	十	元	角	分
		外币：														
	券别	100元	50元	20元	10元	5元	2元	1元			辅币（金额）				

第一联 银行记账凭证

0100030160 210×148mm

图 1 －1 －7　现金缴款单

⑥现金支票

现金支票是出纳员或财务人员到银行提取款项的重要票据，支票是见票即付的票据，因此，只要填写规范、签章正确，一般提款是比较顺利的。各大银行的支票样式类似，均应按照《支付结算办法》和《正确填写票据和结算凭证的基本规定》填写，并加盖银行预留印章。

支票分为三部分：主票面、存根、背书页（详见图 1 －1 －8）。超市提取备用金的业务，一般填写主票面信息和存根信息即可。

中国建设银行
支票存根

XVI0013698017

附加信息

出票日期
　　年　月　日

收款人：

金额：

用途：

单位主管

会计

本支票付款期限十天

中国建设银行支票 (桂)　XVI0013698017

出票日期(大写)　年　月　日　　付款银行名称：

收款人：　　　　　　　　　　　出票人账号：

人民币
(大写)

亿	千	百	十	万	千	百	十	元	角	分

用途

科目(借)................
对方科目(贷)...........
复核　　　　　　记账

上列款项请从我账户内支付

出票人签章

附加信息：

被背书人

身份证件名称：　　　　发证机关：

（贴粘单处）

背书人签章

证件号码

年　月　日

图 1-1-8　支票样本

本节小结

本章节着重给大家介绍了营业收入管理的基本工作内容，并介绍了伴随工作开展需要填制的重要票据，现将工作流程重现如下（详见图 1-1-9）：

```
收银员                    缴款                   出纳员

钱箱取款单         ←→              收银员日报表
或收银员交班清单      复核、收款

                  返回一份              填制收款收据
                                      （一式两份）

                                    填写营业款结算单

                                    汇总营业额日报表

                                    营业款送存银行
                                    填写现金缴款单
                                                        填写现金支票
                                                        提取备用金
```

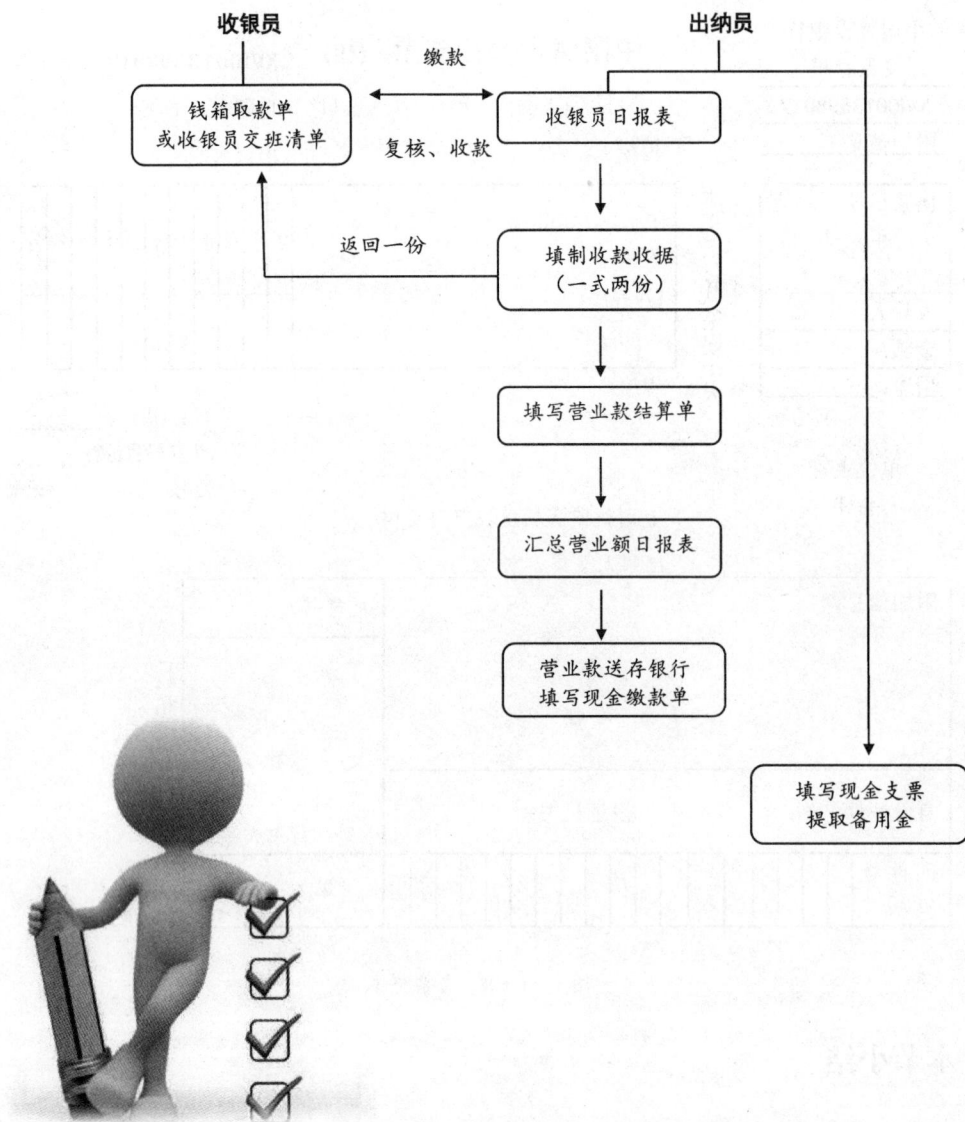

图 1-1-9　营业收入管理工作流程

模块二　往来业务核算与管理

什么是往来业务？在商业往来频繁的今天，时常会出现赊购、赊销的情况，由此便会产生销售方的应收款和购买方的应付款问题，即"应收"和"应付"问题。与大型超市不同的是，小型超市的赊销业务并不那么多，经营者一般不愿意承受大量应收款在外引发的周转资金不足的风险。因此，正如我们去超市购物一样，大多都是一手交钱一手交货的。

　　与赊销业务相对的是赊购业务，这种利用商业信用延期支付货款的情况在各类超市普遍存在。大多数超市都有稳定的商品供货商，并且不以现付的方式采购货物，而是以赊购方式，先让供货商将商品放在店里销售，并谈妥一定的结算节点和方式。如：某商品数量销售了70%~80%时再结算销售款，剩余商品届时再看具体情况退货或留购处理。也有不少的商品供货商为了打开商品销路，主动上门推销，将商品留放在超市销售，并不急于索取货款。如此种种，就会形成企业的应付款。

　　为了高效应对可能出现的大批供货商集中时间对账要求付款的情况，作为超市财务人员，有必要做好日常的进货登记基础性工作，并按照供货商名称分类登记。在支付货款时，才能做到有条不紊，快速对账，准确支付。

　　小型超市财务人员对往来业务进行核算和管理是怎么开展工作的？此项工作可由出纳员协助会计人员完成，也可以由会计岗位人员自行完成，或由店长负责。总之，各超市可根据人员工作量及权责安排专人负责。

（1）按供货商分类归集商品出库单

　　供货商在上门供货时，都会将本单位的"商品出库单"或"销售出货单"（详见图1-2-1）等类似记录了商品详细信息的单据传递给超市，一方面方便超市清点货物验收，另一方面，为后续结算商品款提供依据。在有些小型超市商品品类多，供货商也多的情况下，财务人员日常做好归类就非常必要了，避免供货商挤兑货款的时候手忙脚乱。

　　归类的时候，需小心细致地将同一供货商提供的商品出库单按照时间顺序归集在一起，用小型燕尾夹或回形针扣住，以免松散。一般建议同一个供货商不同月份做再次分类归集，每个月打印一次出库单，以便月度结账方便。但是，如果供货商提供商品的频率不高，且不急于每月结算货款，也可以将其提供的多个月的商品出库单归集到一起，到时候统一结算。

柳州市天力食品销售出货单

开单日期：2019-2-17　　　　　　　　　　单号：KK-000-2019-02-17-0002

购货单位	名称 地址	实战超市	电话 摘要				
序号	国际条形码	货品名称	规格	单位	数量	单价	金额
1	6922956300765	50g路路酒鬼鱼仔	1*120	袋	10	2.40	24.00
2	6922956300505	50g路路炭烧鱼仔	1*120	袋	20	2.40	48.00
3	6922956300666	50g路路蒜香鱼仔	1*120	袋	20	2.40	48.00
4	6922956300697	100g露露素鱼片	1*80	袋	15	2.40	36.00
5	6922956302080	90g路路麻辣珍珠串	1*80	袋	15	2.40	36.00
6	6922956302097	90g路路柴火香干	1*80	袋	15	2.40	36.00
7	6922956301106	90g路路麻辣豆腐串	1*70	袋	15	2.40	36.00
8	6956831800187	70g爽口香酒鬼花生	1*120	袋	20	2.00	40.00
9	6956831800064	110g爽口香酒鬼花生	1*80	袋	20	2.80	55.00
10	6956831800224	80g旺佳旺青豆蒜香味	1*50	袋	10	2.00	20.00
11	6956831800231	80g旺佳旺青豆香辣味	1*50	袋	10	2.00	20.00
12	6901496963388	25g麦咪	1*50*6	袋	50	1.20	60.00
13	6901496965511	100g麦咪	1*120	袋	20	3.60	72.00
14	6936868700032	90g康之有野山椒凤爪	1*100	袋	10	3.60	36.00
15	6936868700186	180g康之有山椒凤爪	30	袋	10	7.20	72.00
16	6936868700155	90g康之有泡姜凤爪	60	袋	10	4.00	40.00
17	6936868700131	90g山椒鸡尖	60	袋	10	4.00	40.00
		页小计					719.00
价税合计		金额大写		柒佰壹拾玖元整			719.00

开单人：刘慧　　　　　送货员：　　　　　　业务员：赵昌成　　　客户签名：

绿天食品销售出库单

开单日期	2019/5/4		出货仓	总仓	单号	2019/5/4	1
购货单位	实战超市						
序号	货品名称	商品编码	规格型号	单位	数量	单价	金额
1	川南口口脆榨菜62g	6915993301703	1*50	包	250	0.85	212.5
2	川南麻辣萝卜干62g	6915993301734	1*50	包	150	0.85	127.5
3							
4							
5							
6							
7							
8							
9							
10							
	页小计						340.00
价税合计	金额大写		叁佰肆拾元整				

银行：农行箭盘分行6228480851426392813　　　　　户名：赵岩

开单人：王力　　　仓管员：王文丽　　　业务员：李星星　　　客户签名：刘小红

图1-2-1　商品销售出库单据

（2）制作小纸片附在出库单据之前，简要记录进货日期及送货金额

归集完各个供货商的原始出库单之后，财务人员需用白纸裁剪制作一个小纸片，附在每一打清单的前头。主要记载供货商名称、进货日期、月度进货总金额，并在结算时候进行小计，注明"已付"或"实付：×××"字样，并写明付款对账日期（详见图1-2-2）。

若是不需按月结算，且每月提供货物频率不多的供货商，也可以在小纸片上记录多个月的情况，结算时候再做累计（详见图1-2-3）。

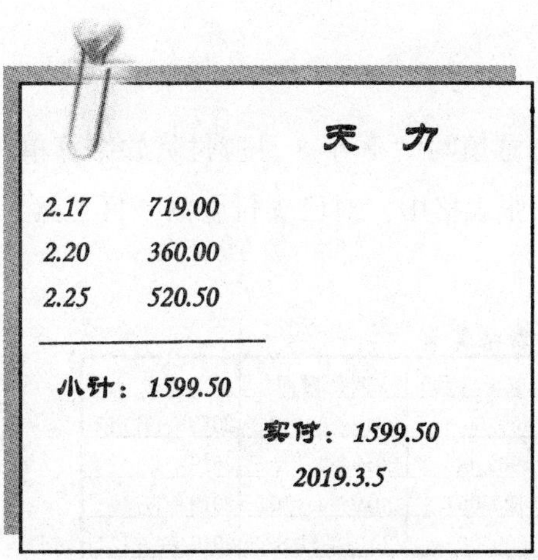

图 1-2-2　"天力"应付款纸片

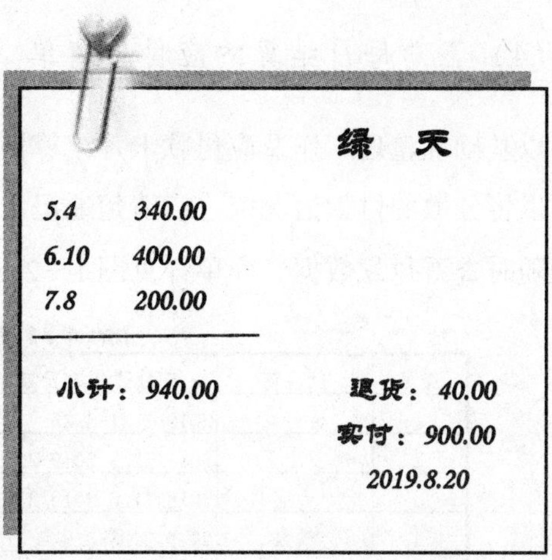

图 1-2-3　"绿天"应付款纸片

(3) 支付货款

当与供货商对账，核对完应付款项之后，便要着手进行转账付款工作。按照《中华人民共和国现金管理暂行条例》第三条规定：开户单位之间的经济往来，除按本条例规定的范围可以使用现金外，应当通过开户银行进行转账结算。此外，本条例还具体规定了结算起点为 1000 元，即只要交易超过 1000 元的往来业务，必须通过银行转账方式进行支付，结算起点 1000 元之内的钱款可以用现金结算。

通常，为了谨慎处理应付款结算，需提前告知供货商开具与支付金额相符的销售发票，以便作为转账依据，避免因工作疏漏贻误发票索取，造成款已付票未收到的情况。转账前，需填写开户行转账支票和一式三份的"进账单"，并签章才能生效。转账支票的基本要素跟前面所讲的现金支票类似（详见图 1-2-4）。

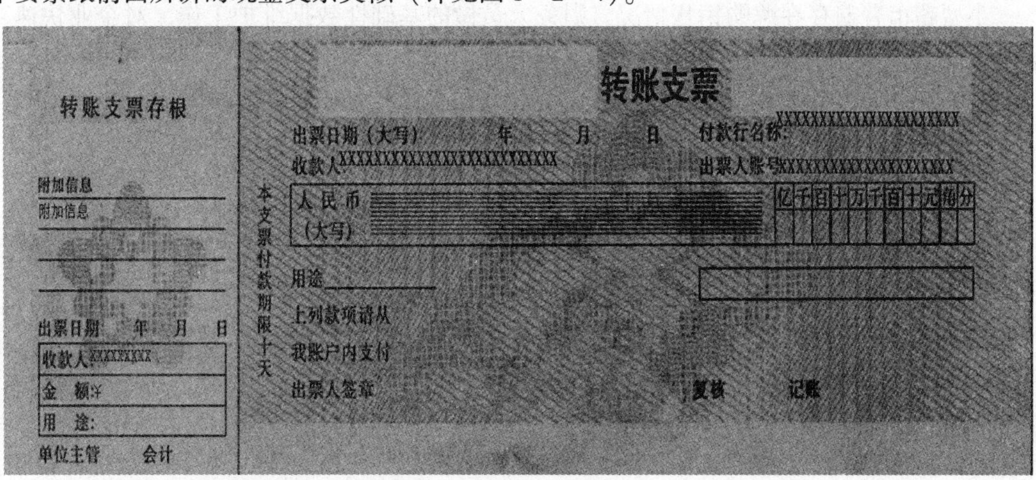

图 1-2-4　转账支票

（4）汇总每月结算的应付款清单

以基础性整理工作及应付款卡片结算信息汇总填写"×年×月应付货款结算单"，这样可以将分散的付款情况统一、清楚地记录在一张表格中，对已支付金额一目了然，方便经理随时查看付款数据。样单详见图1-2-5。

2019年4月应付货款结算单

序号	供应商	已付清货款日期	付款金额（元）	对账时间	转账付款日期
1	古岭龙	2019.2.21-2.25	450.00	2019年4月10日	2019年4月14日
2	王中王	2018.12.2-2019.3.31	15962.00	2019年4月10日	2019年4月14日
3	大同	2018.11.6-2019.3.27	8125.00	2019年4月10日	2019年4月14日
4	德盛	2019.2.23-3.8	3089.00	2019年4月8日	2019年4月12日
5	贵跃	2018.12.4-2019.3.22	4655.00	2019年4月8日	2019年4月12日
6	满满	2019.2.22	2638.00	2019年4月8日	2019年4月12日
7	信和	2018.12.1-2019.3.31	1549.00	2019年4月8日	2019年4月12日
8	伊利冰淇淋	2019.3.3-3.29	2111.00	2019年4月25日	2019年4月29日
9	琪乐	2019.3.11-3.31	1587.00	2019年4月25日	2019年4月29日
10	杰隆	2019.2.22-3.18	4896.00	2019年4月25日	2019年4月29日
11	顺清	2019.2.26-3.25	7500.00	2019年4月25日	2019年4月29日
12	大佳	2018.12.7-2019.3.29	9192.00	2019年4月25日	2019年4月29日
13	捷川	2018.12.9-2019.3.29	1247.00	2019年4月25日	2019年4月29日
14	雅维	2019.2.27-3.29	418.00	2019年4月25日	2019年4月29日
合计			¥63,419.00		

制单人：　　　　　　　　　　　　　复核人：

图1-2-5 月度应付货款结算单

本节小结

小型超市普遍存在赊购销售情况，财务人员做的基础性数据维护工作，对企业快速对账和准确结算奠定了基础。应付款日常处理流程如下：

step1：日常收到商品出库单按供货商分类归集；

step2：制作小纸片附在出库单据之前，简要记录进货日期及金额；

step3：填写转账支票，支付货款；

step4：汇总每月结算的应付款清单。

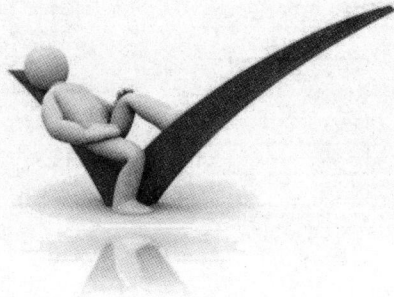

模块三　存货登记与管理

本章节涉及与会计工作密切相关的存货管理岗位工作。不少人认为仓库保管员跟财务工作毫无关联，其实不然。存货，在超市就是林林总总的商品，存货是超市的重要财产，管理不善会造成多方面的影响。首先，管理程序是否严谨会直接影响到超市财产的流失与否；其次，对存货"进、销、存"数量登记是否准确，将涉及超市进货成本、销售成本和存货成本的金额确认，也关系到实物盘点以什么存量来进行查验等；最后，有效的存货管理可以帮助超市合理掌握订货时间，避免商品脱销。

小型超市由于门店经营面积有限，仓库区域也多是在门店一角隔开一个小区域或者不单独设置存放区。但不管如何，总会安排一定的人员对商品进行验货、登记的工作，没有专门保管员的超市可以由某些超市营业员来兼任这些工作（如：带班班长），并培训他们具备一定的存货管理知识和掌握一定的操作方法。

存货管理需要做哪些工作呢？

（1）到货验收

第一，对单验收。对单验收，是指仓库保管员对照供货单位提供的商品销售出库单载明的品名、规格、质量、价格等依次逐项检查商品，注意有无单货不符或漏发、错发的现象。第二，数量验收。一般是原件点整数、散件点细数、贵重商品逐一仔细检对。第三，质量验收。质量验收，是指保管员通过感官或简单仪器检查商品的质量、规格、等级、价格，如外观是否完整无损、零部件是否齐全无缺、食品是否变质过期、易碎商品是否破裂损伤。

（2）填制"商品入库验收单"或商品信息录入系统

仓库保管员按实际验收情况填写"商品入库验收单"（详见图1-3-1）。如果单货不符，则要与供货方、运输方交涉。

有些小型的超市为了简化工作，也有省略填制"商品入库验收单"环节的。验收没有问题之后，将单据传递到录单人员手中，一般录单人员为有定价权的经理和财务人员。他们收到商品进货单据之后将商品信息录入超市收银后台系统，通常需要录入品名、店内码或商品条码、数量、规格、售价等。

"商品入库验收单"一式三份或一式两份均可，根据企业管理规定复写即可。填写完后，仓库保管员需将同一供货商的单子进行归类，以便今后查找核对。

商品验收单

发货单位：______　　　收货单位：______　　　发货单号：______　　　年　月　日　　编号：

产地	编号	规格品名	单位	实收（原价）									零售计价									商品进销差价					
				数量	单价	金额							数量	单价	金额												
						万	千	百	十	元	角	分			万	千	百	十	元	角	分	千	百	十	元	角	分
合计																											

第一联：验收单位留存登账

会计主管人员　　押运员　　验收人　　复核　　制单　　附发票　张

图 1-3-1　商品验收单

（3）商品出库

当销售系统数据录入完毕之后，商品便可出库上架销售。设置了独立仓库的超市会要求商品出库手续，这时候需用到“实物出库凭单”（详见图 1-3-2），作为商品出库的证据。也有不少超市因为规模相对较小，不设置这个出库手续，一旦录完商品数据便组织上架销售了，基本上所有商品都直接在货架上存放。

实物出库凭单

年　月　日　　　　字第　　号

编号	物品名称	说明	数量	单位	单价	金额							
						十	万	千	百	十	元	角	分
合计大写													

一留存（绿）二会计记账（红）三保管员存（黑）

主管　　会计　　保管　　经手人

图 1-3-2　实物出库单

(4) 编制“商品进销存表”

商品验收结束后，保管员根据验收凭证，记载保管商品存货账。仓库用的保管存货账可同市场上现售的“商品明细分类账”。有些仓库控制数量、计算金额，还可用具有数量进、销、存的三类表单来进行登记。商品进销存表见图1-3-3。

商品进销存表									
产地					产地				
编号					编号				
品名					品名				
牌价					牌价				
调整					调整				
年	进	销售		存	年	进	销售		存
月		数量	金额		月		数量	金额	
1					1				
2					2				
3					3				
4					4				
5					5				
6					6				
7					7				
8					8				
9					9				
10					10				
上盘					上盘				
11					11				
12					12				
13					13				
14					14				
15					15				
16					16				
17					17				
18					18				
19					19				
20					20				
中盘					中盘				
21					21				
22					22				
23					23				
24					24				
25					25				
26					26				
27					27				
28					28				
29					29				
30					30				
31					31				
月盘					月盘				
合计									

图1-3-3　商品进销存表

在“商品进销存表”中，重要的指标有三个：进货数量、销售数量和库存量。进货数量主要从前期供货方开具的"商品销售出库单"中采集，以最终验收的数字为标准；销售大数量可以从收银系统后台取得相关的数字；存量是由进货量减掉销售量推算出来的。

当然，现在的超市商品种类成千上万，手工编制"进销存表"是一个工作量极大的任务，所以超市的收银系统多会设置有存货管理子模块，商品进出都可以在后台系统查询到相关数据，可以轻松管理"进销存"，大大减轻了仓库管理员的工作量。销售、存货、进货相关数据一检索就可以快速查询到。

（5）退货登记和报损登记

在存货管理的过程中，还会涉及退货和报损登记的问题，相关的记录也要求相对完备，以便管理。"超市退货单"的编制非常简单，填写的内容按照商品基本信息进行填列即可，但为了方便结算，同一供货商的退货信息一般造表写在一起（详见图1－3－4）。报损的登记可自行造表记录，需要的数据信息跟"超市退货单"类似，然后相关负责人签字确认即可。

超市退货单

供货商						
序号	商品条码	商品名称	数量	单价	金额	备注
	合　计					

复核人：　　　　　超市经手人：　　　　　供货商经手人：

图1－3－4　超市退货单

（6）期末盘点

商品盘点是指对商品实有库存数量及其金额进行全部或部分清点，以确实掌握该期间内货品状况,并因此加以改善,加强管理。盘点流程大致可分为三个部分,即盘前准备,盘点过程及盘后工作。

小型超市应该定时进行盘点,建议至少每月歇业盘点1天,并形成常态机制,以便账上存货数据与现实留存数据一致。商品的盘点质量高低对一定期间内经营业绩的评价十分重要,而且可以有效管理存货,避免造成存货流失严重的情况。若发现问题,也可以做到及时整改。

盘点并非数数商品作记录那么简单,需按照一定的分工和规则进行,盘点人员还需要进行一定的培训。具体盘点流程如下(详见图1-3-5):

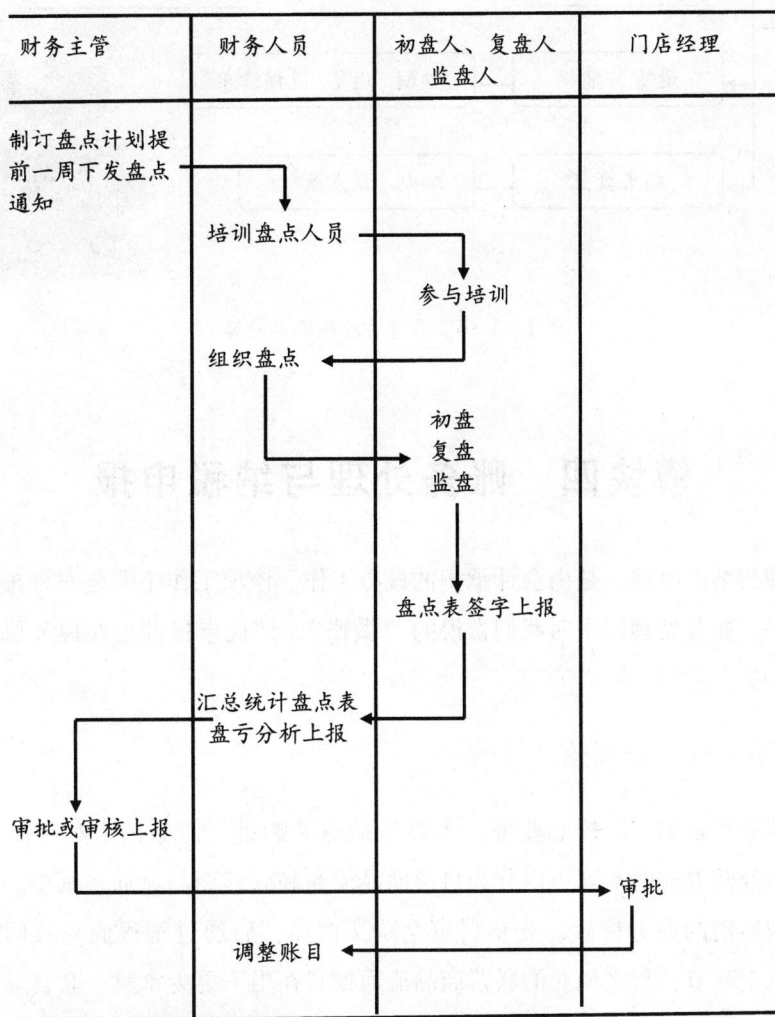

财务主管	财务人员	初盘人、复盘人 监盘人	门店经理
制订盘点计划提前一周下发盘点通知	培训盘点人员	参与培训	
	组织盘点	初盘 复盘 监盘	
		盘点表签字上报	
	汇总统计盘点表 盘亏分析上报		
审批或审核上报			审批
	调整账目		

图1-3-5 超市盘点流程图

本节小结

存货登记与管理工作需多岗位人员协同合作完成。在小型超市中，存货的管理主要参与人员涉及财务人员、销售人员、收银员等，每一项工作都需要细致开展，清点无误。存货管理的基本内容为（详见图1-3-6）：

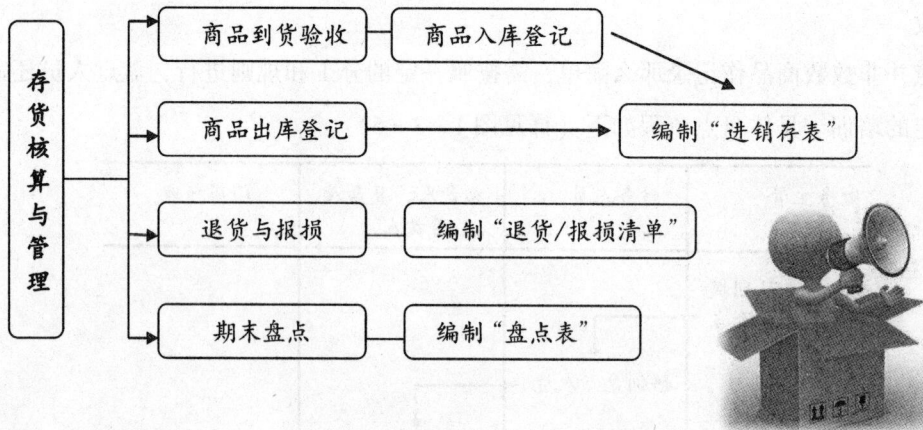

图 1-3-6　存货管理的基本内容

模块四　账务处理与纳税申报

账务处理与纳税申报，是由会计承担的核心工作。该项工作主要是对外报告本门店经营状况和成果。账务处理即平时我们常说的"做账"，纳税申报即是在税务机关的平台上"报账"的过程。

（1）账务处理核算理论

商品流通业务是超市的核心业务，主要包括商品购进、商品销售和商品储存三个环节。按照超市经营方式的不同可以分为自营商品流通和联营商品流通。其中，自营商品流通是超市先购后销的业务模式，先垫付资金购买商品，后通过销售商品收回货款，包括购、存、销三个环节，与之相对的联营商品流通模式在当下更为常见。联营商品流通是指超市先销后购的业务模式，超市与商品供货商合作，先到货销售后结算进货款的方式，包括购、销两个环节，体现出超市与供货商的融合。不论哪种模式，在经营过程中都会涉及购销方面的业务，一般业务操作如下：

购货业务

◎直接购进商品

　　借：库存商品

　　　　应交税金——应交增值税（进项税额）

　　　　贷：银行存款（应付账款）

◎代销方式购进

　　借：受托代销商品

　　　　贷：受托代销商品款

◎收取摊位费

　　借：现金（银行存款）

　　　　贷：其他业务收入——房产出租收入

　　　　　　其他业务收入——出售包装物收入

　　　　　　其他业务收入——入场费收入

◎税金计算及会计分录

　　　　房产税 = 其他业务收入 × 12%

　　　　城市维护建设税 = 本期营业税 × 7%

　　　　教育费附加 = 本期增值税 × 3%

　　　　地方教育费 = 本期增值税 × 2%

　　　　涉及的会计分录如下：

　　借：税金及附加——城市维护建设税

　　　　税金及附加——教育费附加

　　　　税金及附加——地方教育费

　　　　管理费用——房产税

　　　　贷：应交税金——房产税

　　　　　　其他应交款——应交城市维护建设税

　　　　　　其他应交款——应交教育费附加

　　　　　　其他应交款——应交地方教育费

销售业务

◎纯销方式

　　借：现金

　　　　贷：主营业务收入

应交税金——应交增值税（销项税额）

◎折价销售

借：现金

贷：主营业务收入（折后价）

应交税金——应交增值税（销项税额）

◎带促销品销售

借：现金

贷：主营业务收入

应交税金——应交增值税（销项税额）

注：成本结转时，将主销产品和促销品一并结转。

◎售卡销售

售卡时　借：现金

贷：应收账款——暂收款

顾客购货时　借：应收账款——暂收款

贷：主营业务收入

应交税金——应交增值税（销项税额）

结转逾期卡收入　借：应收账款

贷：营业外收入

◎委托代销商品的销售

A. 按约定价格销售

借：银行存款

贷：主营业务收入

应交税金——应交增值税（销项税额）

借：主营业务成本

贷：受托供销商品

借：代销商品款

应交税金——应交增值税（进项税额）

贷：应付账款

借：应付账款

贷：银行存款

B. 收取手续费

借：银行存款

> 贷：应付账款
>
>   应交税费——应交增值税（销项税额）
>
> 借：应交税费——应交增值税（进项税额）
>
>   贷：应付账款
>
> 借：受托代销商品款
>
>   贷：受托代销商品
>
> 借：应付账款——甲企业
>
>   贷：银行存款
>
>   主营业务收入

超市收到返利、返点、促销费、进店费、管理费等类似收入的处理

◎对向供货方收取的与商品销售量、销售额挂钩的各种返还收入，均应按照平销返利行为的有关规定冲减当期增值税进项税额。当期应冲减增值税进项税额＝当期取得的返还资金/（1＋所购货物适用增值税税率）×所购货物适用增值税税率。

> 借：银行存款
>
>   贷：其他业务收入
>
>   应交税金－应交增值税－进项税额

◎对向供货企业收取的与商品销售量、销售额无必然联系，且超市向供货方提供一定劳务取得的收入，例如进场费、广告促销费、上架费、展示费、管理费等，不属于平销返利，不冲减当期增值税进项税额。

> 借：银行存款
>
>   贷：其他业务收入

（2）账务处理流程

账务处理讲求步骤和方法，这就涉及"账务处理程序"问题。通用的账务处理程序有三类：记账凭证账务处理程序、汇总记账凭证账务处理程序、科目汇总表账务处理程序。时下，对于中小型企业，使用最多的是科目汇总表账务处理程序。通过流程图介绍该程序的操作步骤（详见图1-4-1）。

图 1-4-1　科目汇总表账务处理程序

科目汇总表账务处理程序，以收到的原始凭证或汇总的原始凭证为起点，根据原始凭证或汇总表载明的经济的业务登记记账凭证；记账凭证的编制是"会计基础"课程学习的核心知识，是会计账务处理的重要一环。记账凭证的编制就是将普通经济业务"翻译"成"会计语言"，并将其写在具有一定格式的记账凭证上的过程，"翻译"需严格按照会计制度和会计准则进行。例如：企业销售商品之后，根据要求将收入送存银行，并做相关记录。记账凭证样本详见图 1-4-2。

记账凭证

总号

2019 年　12 月　20日

___记___ 字 第　 # 　号

摘要	总账科目	明细科目	借方金额										贷方金额										√	单据
			亿	仟	百	十	万	千	百	十	元	角	分	亿	仟	百	十	万	千	百	十	元	角	分		
销售产品	银行存款					2	1	9	2	2	0	0	0												
	主营业务收入																1	9	4	0	0	0	0	0	张
	应交税费	应交增值税（销项税额）																2	5	2	2	0	0	0	
																									附件
																									贰
合	计		¥	2	1	9	2	2	0	0	0			¥	2	1	9	2	2	0	0	0			张

会计主管：　　　　　记账：　　　　　审核：　　　　　填证：

图 1-4-2　记账凭证样本

所有业务记录到记账凭证之后，则开始编制科目汇总表。科目汇总表是汇总发生额的一个重要工具。编制之前还需做一个辅助性的工作，即编制 T 字账，并简单试算平衡，之后再登记到科目汇总表中（详见图 1-4-3）。

库存现金	
	350
	1000
	1350

银行存款	
200000	800
500000	
	50000
	291650
226980	
926980	342450

固定资产	
6000	
6000	

累计折旧	
3500	12000
3500	12000

在途物资	
250000	
250000	

库存商品	
380000	124000
380000	124000

其他应收款	
1000	600
1000	600

待处理财产损溢	
2500	2500
2500	2500

应付职工薪酬	
50000	45000
50000	45000

短期借款	
	200000
	200000

应交税费	
41650	
	32980
41650	32980

实收资本	
	500000
	500000

制造费用	
8000	
4000	
	12000

生产成本	
31000	380000
31000	380000

管理费用	
350	
600	
4000	
10000	
14950	

销售费用	
800	
800	

营业外支出	
2500	
2500	

主营业务成本	
124000	
124000	

主营业务收入	
	194000
	194000

借方	贷方
926980	1350
3500	342450
250000	6000
380000	12000
1000	124000
2500	600
50000	2500
41650	45000
12000	200000
31000	32980
14950	500000
800	380000
2500	194000
124000	
1840880	**1840880**

（注：本图未包含月末结转业务的数据，仅解释操作步骤）

图 1-4-3 T 字账汇总业务数据并试算平衡

　　T 字账的登记比较简单，但数据多的时候容易出现错漏。首先，在白纸上绘制出多个 T，以便数据记录使用，每个 T 将用来归集一个账户的数据。例如"库存现金"发生了一笔业务，购买办公用品花费 350 元，则记账凭证上应填写分录为"借：管理费用　贷：库存现金"，汇总 T 字账时，需在库存现金的贷方和管理费用的借方，分别标注 350 元。其他业务依次完成登记即可。其次，数据整理完成后，需对每一个账户进行发生额汇总，分别汇总出当月每一个账户的借方和贷方的发生额。最后，分别将所有借方的汇总额与所有贷方的汇总额做对比，若所有借方发生额之和等于所有贷方发生额之和，那么试算平衡就是成功的,可以誊抄到科目汇总表中(详见图1-4-4)。若不相等,则不平衡,需要查找原因,直至平衡为止。

科目汇总表

汇字第　　号

年　　月　　日　记账凭证:　字　第　　号至第　　号止

借方金额											✓	会计科目	贷方金额											✓
亿	千	百	十	万	千	百	十	元	角	分			亿	千	百	十	万	千	百	十	元	角	分	
												库存现金					1	3	5	0	0	0	0	
			9	2	6	9	8	0	0	0		银行存款					3	4	2	4	5	0	0	0	
					1	0	0	0	0	0		其他应收款							6	0	0	0	0	
				2	5	0	0	0	0	0		在途物资												
				3	8	0	0	0	0	0		库存商品					1	2	4	0	0	0	0	

图1-4-4　科目汇总表(局部)

　　在编制好"科目汇总表"的基础上,便可以开始记账工作了。当然,在编制"科目汇总表"的同时,会计人员还同时兼顾着日记账和明细账的登记工作。本节仅针对记账工作简要给大家做介绍。首先需要明确的是,总账、日记账一般是订本账,而明细账多为活页账,可用绳子扎成本。详见图1-4-5、图1-4-6。

图1-4-5　订本式账本

图1-4-6　活页式账本

　　其次,账本内部设置的是账页。当每个账页题头部分填写了科目名称,就成为了一个具有一定结构的账户。如将库存现金科目写在题头,就是现金账户,只能登记与现金变化有关的业务。除了设立总账外,企业还必须合理设置明细账。例如,针对往来业务,需要根据客户设置"应收账款"或根据供货商设置"应付账款"明细账,以便精准开展往来业务收支工作(详见图1-4-7)。

库存现金

年		凭证		摘　要	日期	借　方	贷　方	借或贷	余　额
月	日	种类	号数						
				承前页		2174 4100	2171 1000	借	1 1 3000
11	20	科汇	32	11—20日发生额		19 2000 0	20 1000 0	借	2 3000
	30	科汇	33	21—30日发生额		10 1000		借	12 4000
12	10	科汇	34	1—10日发生额		10 8000	9 0000	借	14 2000
	20	科汇	35	11—20日发生额		17 2800 0	18 0900 0	借	6 1000
	31	科汇	36	21—31日发生额		9 0900		借	15 1900
				本年合计		2569 2000	2562 0000	借	15 1900
				结转下年					

应付账款明细账

账户名称：立德公司

2019年		凭证号数	摘　要	对方科目	借　方	贷　方	借或贷	余　额
月	日							
7	16	8	购入乙材料,货款未付			11 700.00	贷	11 700.00
	20	9	归还前欠货款		11 700.00		平	0
	31		本月合计		11 700.00	11 700.00	平	0
	31		本月累计		11 700.00	11 700.00	平	0

图 1-4-7　库存现金和应付账款明细账

　　最后，需要细心填写账户相关内容。根据"科目汇总表"汇总的借方发生额和贷方发生额相关数据登记到每一个相应的账户当中（详见图 1-4-8），完成记账工作，并对每个账户进行月结划线。划线结账的具体规定可参看《会计基础》教材相关章节内容，在此不再赘述。

　　账簿登记完成后需要编制会计报表。中小型超市每月需要编制的报表有"资产负债表"和"利润表"。"资产负债表"反映的是企业的财务状况，采用余额法填列；"利润表"反映的是企业的经营成果，在我国采用多步式发生额法填列。两个报表的编制方法，可参看《会计基础》报表章节相关介绍。报表是企业重要的会计资料，每年需形成连续12 个月的报表记录，完整提交给税务机关作为备案，一个月的工作才算完成。目前，随着全面无纸化工作思路的推广，税务、工商很多环节都略去了纸质材料的报送环节，只需要在平台中进行电子材料报送即可。

"资产负债表"见图1-4-8，"利润表"见图1-4-9。

资 产 负 债 表

单位名称：　　　　　　　　　　　　　　　所属期：　年　月

资产	年初数	期末数	负债和所有者权益	年初数	期末数
流动资产：			**流动负债：**		
货币资金			短期借款		
短期投资			应付票据		
应收票据			应付帐款		
应收股利			预收帐款		
应收利息			应付职工薪酬		
应收帐款			应付福利费		
其他应收款			应付股利		
预付帐款			应交税费		
应收补贴款			其他应交款		
存货			其他应付款		
待摊费用			预提费用		
一年内到期的长期债券投资			预计负债		
其它流动资产			一年内到期的长期负债		
流动资产合计	0.00	0.00	其他流动负债		
长期投资：	-				
长期股权投资	-		流动负债合计：	-	-
长期债券投资			长期负债：		
长期投资合计			长期借款		
固定资产：			应付债券		
固定资产原价			长期应付款		
减：累计折旧			专项应付款		
固定资产净额			其他长期负债		
减：固定资产减值准备			长期负债合计		-
固定资产净额			递延税款		
工程物资			递延税款贷项		
在建工程			负债合计		
固定资产清理					
固定资产合计			所有者权益（或股本）		
无形资产及其他资产：			实收资本（或股本）		
无形资产			减：已返还投资		
长期待摊费用			实收资本净额		
其他长期资产			资本公积		
无形资产及其他资产合计			盈余公积		
			其中：法定公益金		
递延税款：			未分配利润		
递延税款借项			所有者权益合计	-	-
资产总计	-	0.00	**负债和所有者权益总计**	-	-

图1-4-8　资产负债表

利　润　表

单位名称：　　　　　　　　　　所属期：年　月

项目	行次	本月数	本年累计数
一、主营业务收入	1		
减：主营业务成本	4		
主营业务税金及附加	5		
二、主营业务利润（亏损以"－"号填列）	10	－	－
加：其他业务利润（亏损以"－"号填列）	11	－	－
减：营业费用	14		
管理费用	15		
财务费用	16		
三、营业利润（亏损以"－"号填列）	18	－	－
加：投资收益（亏损以"－"号填列）	19	－	－
补贴收入	22	－	－
营业外收入	23	－	－
减：营业外支出	25	－	－
四、利润总额（亏损以"－"号填列）	27	－	－
减：所得税	28		
五、净利润（净亏损以"－"号填列）	30		

补充资料

项目		
1.出售，处置部门或被投资单位所得收益		
2.自然灾害发生的损失		
3.会计政策变更增加（或减少）利润总额		
4.会计估计变更增加（或减少）利润总额		
5.债务重组损失		
6.其他		

图 1 - 4 - 9　利润表

（3）纳税申报

　　小型超市的纳税申报工作最主要的任务就是计算出应纳税额，并在报税平台上完成纳税申报。按照广西现行管理要求，一般纳税人每月都应该针对增值税和其他附加税收进行纳税申报；小规模纳税人增值税及附加税收必须按季度进行申报。

　　负责纳税申报的工作人员可以在浏览器中输入国家税务总局各省区税务局关键词进入官网进行纳税申报，现以广西壮族自治区报税平台为例进行说明。相关工作人员在浏览器中输入"国家税务总局广西壮族自治区税务局"进行搜索或输入网址 http：//guangxi. chinatax. gov. cn/进行操作。点击网页上方的"我要办税"，进入"电子税务局"——点击"我要办税"，便可看到下列图片所示的登录入口（详见图 1 - 4 - 10、图 1 - 4 - 11）。

图1-4-10 国家税局总局广西壮族自治区税务局主界面

图1-4-11 电子税务局界面及登录入口

操作人员可以任意选择"短信登录""身份登录""数字证书登录"等五种方式中的任意一种进行登录，便可顺利进入到企业的申报界面中（详见图1-4-12）。录入登录界面的信息有：社会信用代码、登录密码、登录人员身份（身份及手机号码已在税务机关备案，若代码和登陆码正确，则选择相应身份后会自动弹出手机号码）。若采用身份登录模式，则需填写的是预留在税务机关的相关人员身份证号。

短信登录　　身份证登录　　数字证书登录　　报验户登录　　自然人登录　　✕

请输入统一社会信用代码（或纳税人识别号）

请输入密码

请选择登录身份　　▼　　　　请选择手机号码　　▼

请输入短信验证码　　　　　　　获取验证码

登录

交易序号：**

图 1-4-12　电子税务局登录信息录入窗口

在"我要办税"界面下，点击第一个图标"纳税申报及缴纳"，便可进入到办税首页。需重点关注的是界面左侧的"税种导航条"及界面中上部的"待办事项提醒"（详见图 1-4-13）。

图 1-4-13　企业纳税申报平台主界面

通过待办事项提醒，可以锁定本期需缴纳的项目，确保无遗漏，避免未按时申报引发罚款及滞纳金。左侧的税种导航条是便捷的报税通道，只要展开项目前的"＋"号，便可进入纳税申报表填报界面（详见图 1 - 4 - 14）。

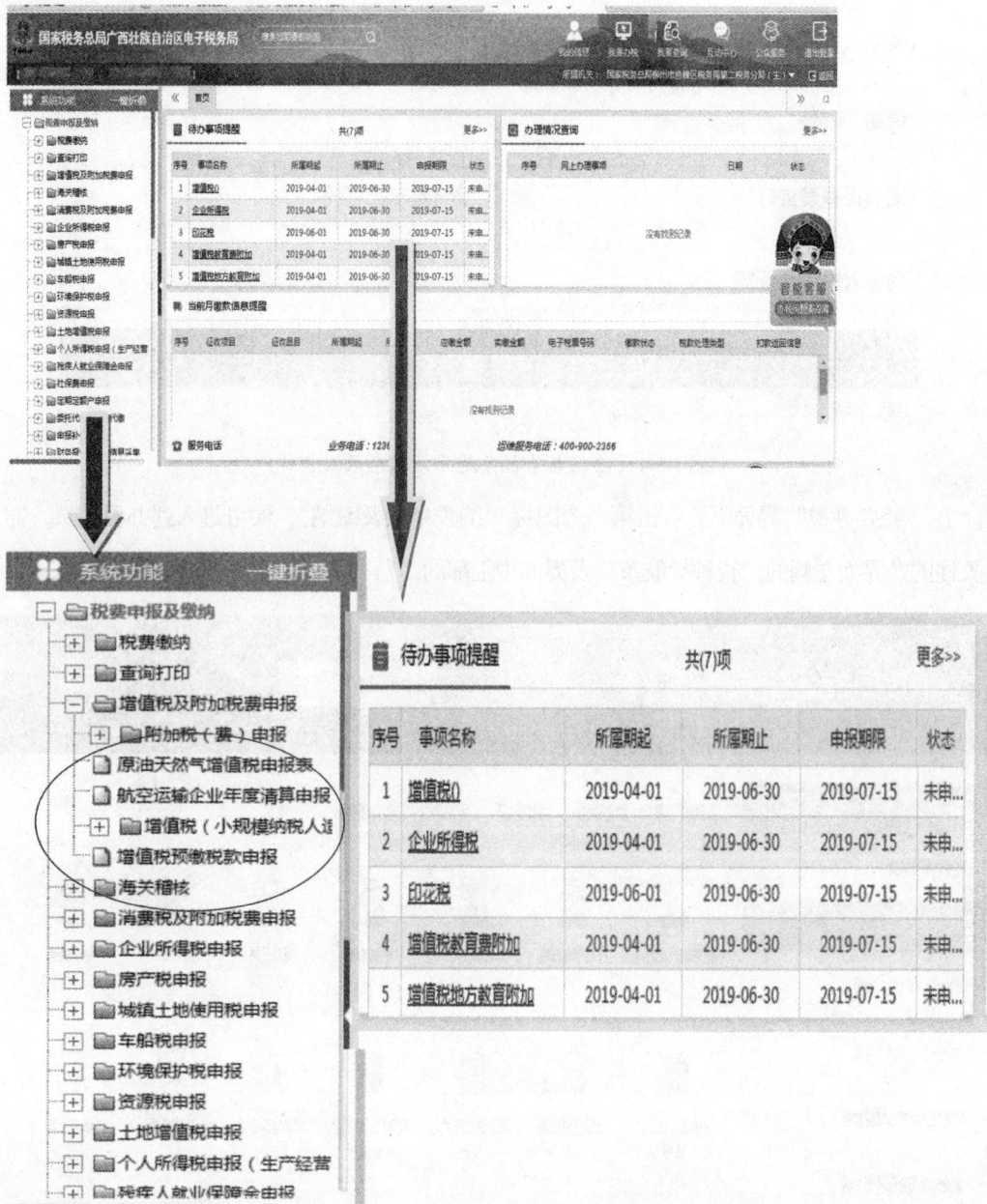

图 1 - 4 - 14　企业纳税申报办税平台首页

纳税申报是会计人员每月的规定性动作。一名合格的会计人员除了掌握会计知识之外，还需要具备必要的税收知识，随着税收政策的变化，及时调整工作，否则将会给纳税工作带来麻烦。税收的知识可以通过"税法与纳税实务"相关课程学习。

完成相关的网上申报工作后，需在做账之前到税务局打印完税证明，作为记账凭证的附件，附于缴纳税收的记账凭证之后。完税证明样本详见图1-4-15。

中 华 人 民 共 和 国
税 收 完 税 证 明

NO.00350276********

填发日期：2019年07月08日　　　　　税务机关：柳州市高新区地方税务局

纳税人识别号	91450200MA5*******			纳税人名称		柳州市***超市有限公司	
原凭证号	税　种	品目名称		税款所属时期	入(退)库日期	实缴(退)金额	
ZWBLZ0000000288760	城市维护建设税	市区		2019/06/01-06/30	2019/7/8	52.87	
ZWBLZ0000000288760	教育费附加收入	市区		2019/06/01-06/30	2019/7/8	37.72	
ZWBLZ0000000288760	地方教育费附加	市区		2019/06/01-06/30	2019/7/8	25.15	
金额合计　(大写)			人民币 壹佰贰拾伍元柒角肆分			￥125.74	
税务机关　(盖章)	填　票　人　zz0913　ARM自助办税终端高新01		备注　票号：00350276**********　税款来源：申报				

（收据）交税人作完税证明

妥 善 保 管，手 写 无 效

图1-4-15　纳税完税证明样本

本节小结

本章重点围绕会计人员两项核心工作展开讲述。账务处理和纳税申报均是企业重要的财务工作，必须由具有会计从业资格证书的会计人员担任主要负责人，并按照国家规定的核算准则进行记账、算账和报账工作。工作流程（详见图1-4-16）如下。

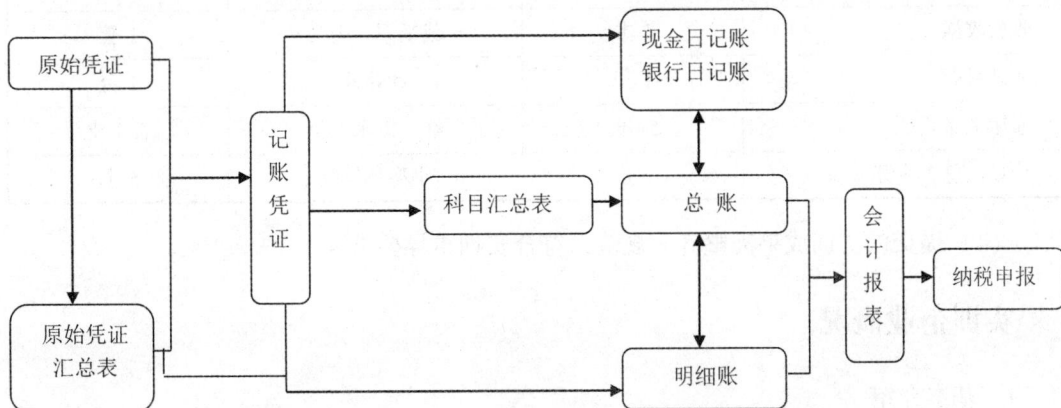

图1-4-16　账务处理工作流程

第二部分　分项目模拟实训

实训目的

本章节系列实训项目以小型超市为背景，以财务典型岗位工作为主线，实施多岗工作内容及操作流程实训。通过进销存各个环节经济活动产生的原始凭证和处理流程实践规范，使学员了解到企业运作的模式和掌握实务工作中的财务的基础性工作如何开展。

系列实训项目强化学员的动手能力养成，与"会计基础""税法与纳税实务"课程内容紧密结合，学员充分调动自主性和自觉性，综合运营所学知识解决实训中的各类问题，规范财会岗位工作操作，提升会计工作质量。

实训要求

（1）本实训操作开始之前，学员应认真学习第一部分基本工作内容介绍及操作指导，了解岗位工作涉及的内容及程序，保证实训任务完成。

（2）本实训基于商贸企业会计工作开展，学员实训期间有机会到超市现场开展相关工作，因此，需在实地开展工作前，做好相关的财务工作准备。

（3）准备好实训项目要求的基本工具如下：

实训耗材与工具准备

耗材或工具	数量	耗材或工具	数量
收款收据	1 本	裁纸刀、剪刀	1 套
凭证封面	1 套	计算器	1 台
通用记账凭证	50 页	红、黑水性笔	各 1 支
科目汇总 T 字账底稿	2 张	小型燕尾夹	5 个

（4）提交的实训成果需整齐、规范，符合实训指导要求。

实训企业概况

1. 基本介绍

企业名称：柳州市实战超市有限公司　　　　类型：有限责任公司

注册资本：80 万元　　　　　　　　　　　公司地址：柳州市官塘大道文苑路 1 号

法定代表人：韦＊＊　　　　　　纳税人识别号：450200089190＊＊＊＊

基本存款户：农行柳南支行　　　　基本户账号：20108101040016999

纳税人资格：小规模纳税人

主营业务：副食、饮品、小百货

2．会计核算制度

（1）公司采用权责发生制原则，日常采用科目汇总表账务处理程序记账，记账凭证为通用记账凭证。每月末，编制资产负债表、利润表及完成相关报税任务。

（2）公司为"小规模纳税人"，每月15日之前缴纳上月税款，增值税税率减按3%征收，按季度申报；城市维护建设税率7%，教育费附加税率3%，地方教育费附加2%，按季度申报。

（3）工资核算要求当月计提相关费用，次月发放。由于小规模企业，经与职工双方协商，企业不为员工代扣代缴社会保障福利费用，员工自行购买。

（4）为方便学校学生和老师购物，超市除了可以现金交易还可以使用学院统一的饭卡或柳州银行校园卡消费；系部和行政部门临时性消费，可先行签单购买，后续再对账收款。

实训项目一　日常营业收入管理

1．任务描述

请根据日常收入登记与管理流程完成2019年2月份销售数据收集与汇总工作。

2．实训成果及评分标准（详见表2-1-1）

表2-1-1　"日常营业收入管理"实训成果及评分表

序号	成果或操作	评分标准	配分	得分
1	单据整理	将每班收银员交班单据与"收银员日报表"准确归集。（每组单据1分，共10组）	10	
2	填写"收款收据"	填写正确、完整；单据书写整洁。（每单2分，共15单）	30	
3	填写"营业款结算单"	填写正确、完整；单据书写整洁。（每单2分，共10单）	20	

序号	成果或操作	评分标准	配分	得分
4	填写"营业款日报表"	连续登记、数据汇总正确。	10	
5	填写"现金缴款单"	填写正确、完整；单据书写整洁。（每单1分，共10单）	10	
6	实训心得	书写规范、能流畅表达实训所做所思所感，并有一定的自我分析和评价。不少于120字。	20	
	成绩总分		100	

实训心得（小结及体会）

3. 实训资料

```
实战超市
           钱箱取款单
取款时间:    2019/2/19    16:14:37
收银员:     020 韦兰静
钱箱总金
额:          374.60
取款金额:     0.00



           收银员交班清单
电脑名称:   PC-201901251655
仓库:       总仓库
收银员:     020 韦兰静
日期:       2019/2/19
首笔时间:        9:05
末笔时间:       16:12
打印时间:    16:14:47
收款方式:     现金      374.60
          其中:刷卡    175.90


合计金额:           374.60
```

图2-1-1(1)   2019-02-19收银员交班清单

```
实战超市
           钱箱取款单
取款时间:    2019/2/20    15:34:19
收银员:     020 韦兰静
钱箱总金
额:          811.30
取款金额:     0.00



           收银员交班清单
电脑名称:   PC-201901251655
仓库:       总仓库
收银员:     020 韦兰静
日期:       2019/2/20
首笔时间:       10:14
末笔时间:       15:27
打印时间:    15:34:28
收款方式:     现金      811.30
          其中:刷卡    224.10


合计金额:           811.30
```

图2-1-1(2)   2019-02-20收银员交班清单

```
实战超市
           钱箱取款单
取款时间:    2019/2/21    16:46:13
收银员:     016 韦晶晶
钱箱总金
额:         2264.89
取款金额:     0.00



           收银员交班清单
电脑名称:   PC-201901251655
仓库:       总仓库
收银员:     016 韦晶晶
日期:       2019/2/21
首笔时间:        8:50
末笔时间:       16:45
打印时间:    16:46:27
收款方式:     现金     2264.89
          其中:刷卡    269.20
              退货金额   11.40
                签单    36.00
合计金额:          2264.89
```

图2-1-1(3)   2019-02-21收银员交班清单

```
实战超市
                   钱箱取款单
取款时间:    2019/2/22    17:20:12
收银员:     020 韦兰静
钱箱总金
额:         6623.09
取款金额:    400.00



           收银员交班清单
电脑名称:   PC-201901251655
仓库:       总仓库
收银员:     020 韦兰静
日期:       2019/2/22
首笔时间:        8:05
末笔时间:       17:19
打印时间:    17:20:29
收款方式:     现金     5923.09
          其中:刷卡    546.30


合计金额:          5923.09
```

图2-1-1(4)   2019-02-22收银员交班清单

实战超市

钱箱取款单

取款时间:	2019/2/23	14:53:45
收银员:	007 张华	

钱箱总金额: 11887.92

取款金额: 400.00

收银员交班清单

电脑名称:	PC-201901251655
仓库:	总仓库
收银员:	007 张华
日期:	2019/2/23
首笔时间:	8:09
末笔时间:	14:53
打印时间:	14:53:51
收款方式:	现金 11487.92
	其中:刷卡 1183.60
合计金额:	11487.92

图2-1-1（5） 2019-02-23收银员交班清单

实战超市

钱箱取款单

取款时间:	2019/2/23	21:52:48
收银员:	015 韦凤萍	

钱箱总金额: 11947.84

取款金额: 400.00

收银员交班清单

电脑名称:	PC-201901251655
仓库:	总仓库
收银员:	015 韦凤萍
日期:	2019/2/23
首笔时间:	14:54
末笔时间:	21:52
打印时间:	21:52:58
收款方式:	现金 11547.84
	其中:刷卡 541.60
	退货金额 18.00
合计金额:	11547.84

图2-1-1（6） 2019-02-23收银员交班清单

实战超市

钱箱取款单

取款时间:	2019/2/24	14:55:04
收银员:	015 韦凤萍	

钱箱总金额: 7520.48

取款金额: 400.00

收银员交班清单

电脑名称:	PC-201901251655
仓库:	总仓库
收银员:	015 韦凤萍
日期:	2019/2/24
首笔时间:	7:30
末笔时间:	14:52
打印时间:	14:55:16
收款方式:	现金 7120.48
	其中:刷卡 1895.60
	退货金额 25.00
合计金额:	7120.48

图2-1-1（7） 2019-02-24收银员交班清单

实战超市

钱箱取款单

取款时间:	2019/2/24	21:40:29
收银员:	020 韦兰静	

钱箱总金额: 7988.82

取款金额: 400.00

收银员交班清单

电脑名称:	PC-201901251655
仓库:	总仓库
收银员:	020 韦兰静
日期:	2019/2/24
首笔时间:	15:00
末笔时间:	21:36
打印时间:	21:40:36
收款方式:	现金 7588.82
	其中:刷卡 1282.30
	签单 9.00
合计金额:	7588.82

图2-1-1（8） 2019-02-24收银员交班清单

实战超市
　　　　　钱箱取款单
取款时间：　　2019/2/25　　14:52:31
收银员：　　020 韦兰静
钱箱总金
额：　　　　6435.32
取款金额：　　　400.00

　　　　　收银员交班清单
电脑名称：　PC-201901251655
仓库：　　　总仓库
收银员：　　020 韦兰静
日期：　　　2019/2/25
首笔时间：　　　7:36
末笔时间：　　　14:40
打印时间：　　　14:52:37
收款方式：　现金　　　6035.32
　　　　　其中：刷卡　　3034.90
　　　　　　　　签单　　　64.80
合计金额：　　　6035.32

图2-1-1（9）　2019-02-25收银员交班清单

实战超市
　　　　　钱箱取款单
取款时间：　　2019/2/25　　21:40:29
收银员：　　018 韦晓丽
钱箱总金
额：　　　　7611.82
取款金额：　　　400.00

　　　　　收银员交班清单
电脑名称：　PC-201901251655
仓库：　　　总仓库
收银员：　　018 韦晓丽
日期：　　　2019/2/25
首笔时间：　　　15:00
末笔时间：　　　21:45
打印时间：　　　21:47:08
收款方式：　现金　　　7211.82
　　　　　其中：刷卡　　1496.90
合计金额：　　　7211.82

图2-1-1（10）　2019-02-25收银员交班清单

实战超市
　　　　　钱箱取款单
取款时间：　　2019/2/26　　14:52:03
收银员：　　018 韦晓丽
钱箱总金
额：　　　　5849.01
取款金额：　　　400.00

　　　　　收银员交班清单
电脑名称：　PC-201901251655
仓库：　　　总仓库
收银员：　　018 韦晓丽
日期：　　　2019/2/26
首笔时间：　　　7:29
末笔时间：　　　14:51
打印时间：　　　14:52:07
收款方式：　现金　　　5449.01
　　　　　其中：刷卡　　2184.70

合计金额：　　　5449.01

图2-1-1（11）　2019-02-26收银员交班清单

实战超市
　　　　　钱箱取款单
取款时间：　　2019/2/26　　21:46:50
收银员：　　007 张华
钱箱总金
额：　　　　7080.75
取款金额：　　　400.00

　　　　　收银员交班清单
电脑名称：　PC-201901251655
仓库：　　　总仓库
收银员：　　007 张华
日期：　　　2019/2/26
首笔时间：　　　14:55
末笔时间：　　　21:45
打印时间：　　　21:45:18
收款方式：　现金　　　6680.75
　　　　　其中：刷卡　　1714.00

合计金额：　　　6680.75

图2-1-1（12）　2019-02-26收银员交班清单

```
实战超市
            钱箱取款单
取款时间:    2019/2/27    21:50:02
收银员:      015 韦凤萍
钱箱总金
额:          5916.96
取款金额:    400.00


            收银员交班清单
电脑名称:    PC-201901251655
仓库:        总仓库
收银员:      015 韦凤萍
日期:        2019/2/27
首笔时间:         14:45
末笔时间:         21:47
打印时间:         21:50:13
收款方式:    现金        5516.96
             其中: 刷卡  1673.40
             退货金额       3.90
合计金额:               5516.96
```

图2-1-1（13）　2019-02-27收银员交班清单

```
实战超市
            钱箱取款单
取款时间:    2019/2/28    14:50:13
收银员:      015 韦凤萍
钱箱总金
额:          4676.59
取款金额:    400.00


            收银员交班清单
电脑名称:    PC-201901251655
仓库:        总仓库
收银员:      015 韦凤萍
日期:        2019/2/28
首笔时间:         7:29
末笔时间:         14:41
打印时间:         14:50:19
收款方式:    现金        4276.59
             其中: 刷卡  2098.55
             退货金额     250.00
合计金额:               4276.59
```

图2-1-1（14）　2019-02-28收银员交班清单

```
实战超市
            钱箱取款单
取款时间:    2019/2/28    21:47:19
收银员:      007 张华
钱箱总金
额:          6207.17
取款金额:    400.00


            收银员交班清单
电脑名称:    PC-201901251655
仓库:        总仓库
收银员:      007 张华
日期:        2019/2/28
首笔时间:         14:51
末笔时间:         21:46
打印时间:         21:46:28
收款方式:    现金        5807.17
             其中: 刷卡  2025.10
合计金额:               5807.17
```

图2-1-1（15）　2019-02-28收银员交班清单

特别说明: 收银系统默认收款方式为"现金"收款,收款金额合计数实际为当班销售人员实际收到的营业款（即为现金、刷卡、签单总额）。为对账收款需要,营业员在学院刷卡机上读取了刷卡金额,做额外登记。

收银员日报表

打印时间：2019-02-19 16:14:37　　　　　　　　页码：　　　第1页　共1页

操作员：总经理　　　　　仓库：总仓库

	日期	收款员编码	姓名	现金	小计	折扣金额	退货金额	备注
1	2019/2/19	020	韦兰静	374.60	374.60	0.00	0.00	
	共1条记录			374.60	374.60	0.00	0.00	

图2-1-2（1）　2019-02-19收银员日报表

收银员日报表

打印时间：2019-02-20 15:34:28　　　　　　　　页码：　　　第1页　共1页

操作员：总经理　　　　　仓库：总仓库

	日期	收款员编码	姓名	现金	小计	折扣金额	退货金额	备注
1	2019/2/20	020	韦兰静	811.30	811.30	0.00	0.00	
	共1条记录			811.30	811.30	0.00	0.00	

图2-1-2（2）　2019-02-20收银员日报表

收银员日报表

打印时间：2019-02-21 16:46:27　　　　　　　　页码：　　　第1页　共1页

操作员：总经理　　　　　仓库：总仓库

	日期	收款员编码	姓名	现金	小计	折扣金额	退货金额	备注
1	2019/2/21	016	韦晶晶	2264.89	2264.89	0.00	11.40	
	共1条记录			2264.89	2264.89	0.00	11.40	

图2-1-2（3）　2019-02-21收银员日报表

收银员日报表

打印时间：2019-02-22 17:20:29　　　　　　　　　　页码：　　　　第1页　共1页

操作员：总经理　　　　　　　仓库：总仓库

	日期	收款员编码	姓名	现金	小计	折扣金额	退货金额	备注
1	2019/2/22	020	韦兰静	5923.09	5923.09	0.00	0.00	
	共1条记录			5923.09	5923.09	0.00	0.00	

图2-1-2（4）　　2019-02-22收银员日报表

收银员日报表

打印时间：2019-02-23 14:53:51　　　　　　　　　　页码：　　　　第1页　共1页

操作员：总经理　　　　　　　仓库：总仓库

	日期	收款员编码	姓名	现金	小计	折扣金额	退货金额	备注
1	2019/2/23	007	张华	11487.92	11487.92	0.00	0.00	
	共1条记录			11487.92	11487.92	0.00	0.00	

图2-1-2（5）　　2019-02-23收银员日报表

收银员日报表

打印时间：2019-02-23 21:52:58　　　　　　　　　　页码：　　　　第1页　共1页

操作员：总经理　　　　　　　仓库：总仓库

	日期	收款员编码	姓名	现金	小计	折扣金额	退货金额	备注
1	2019/2/23	015	韦凤萍	11547.84	11547.84	0.00	18.00	
	共1条记录			11547.84	11547.84	0.00	18.00	

图2-1-2（6）　　2019-02-23收银员日报表

收银员日报表

打印时间：2019-02-24 14:55:16　　　　　　　　　页码：　　　　第1页　共1页

操作员：总经理　　　　　　仓库：总仓库

	日期	收款员编码	姓名	现金	小计	折扣金额	退货金额	备注
1	2019/2/24	015	韦凤萍	7120.48	7120.48	0.00	25.00	
	共1条记录			7120.48	7120.48	0.00	25.00	

图2-1-2（7）　2019-02-24收银员日报表

收银员日报表

打印时间：2019-02-24 21:40:36　　　　　　　　　页码：　　　　第1页　共1页

操作员：总经理　　　　　　仓库：总仓库

	日期	收款员编码	姓名	现金	小计	折扣金额	退货金额	备注
1	2019/2/24	020	韦兰静	7588.82	7588.82	0.00	0.00	
	共1条记录			7588.82	7588.82	0.00	0.00	

图2-1-2（8）　2019-02-24收银员日报表

收银员日报表

打印时间：2019-02-25 14:52:37　　　　　　　　　页码：　　　　第1页　共1页

操作员：总经理　　　　　　仓库：总仓库

	日期	收款员编码	姓名	现金	小计	折扣金额	退货金额	备注
1	2019/2/25	020	韦兰静	6035.32	6035.32	0.00	0.00	
	共1条记录			6035.32	6035.32	0.00	0.00	

图2-1-2（9）　2019-02-25收银员日报表

收银员日报表

打印时间：2019-02-25 21:47:08　　　　　　　　　　　页码：　　　　第1页　共1页

操作员：总经理　　　　　　　　仓库：总仓库

	日期	收款员编码	姓名	现金	小计	折扣金额	退货金额	备注
1	2019/2/25	018	韦晓丽	7211.82	7211.82	0.00	0.00	
	共1条记录			7211.82	7211.82	0.00	0.00	

图2-1-2（10）　　2019-02-25收银员日报表

收银员日报表

打印时间：2019-02-26 14:52:07　　　　　　　　　　　页码：　　　　第1页　共1页

操作员：总经理　　　　　　　　仓库：总仓库　　　　　　查询时间：2014-02-26 00:00:01到2014-02-26 23:59

	日期	收款员编码	姓名	现金	小计	折扣金额	退货金额	备注
1	2019/2/26	018	韦晓丽	5449.01	5449.01	0.00	0.00	
	共1条记录			5449.01	5449.01	0.00	0.00	

图2-1-2（11）　　2019-02-26收银员日报表

收银员日报表

打印时间：2019-02-26 21:46:54　　　　　　　　　　　页码：　　　　第1页　共1页

操作员：总经理　　　　　　　　仓库：总仓库

	日期	收款员编码	姓名	现金	小计	折扣金额	退货金额	备注
1	2019/2/26	007	张华	6680.75	6680.75	0.00	0.00	
	共1条记录			6680.75	6680.75	0.00	0.00	

图2-1-2（12）　　2019-02-26收银员日报表

收银员日报表

打印时间：2019-02-27 21:50:09   页码：   第1页 共1页

操作员：总经理   仓库：总仓库

	日期	收款员编码	姓名	现金	小计	折扣金额	退货金额	备注
1	2019/2/27	015	韦凤萍	5516.96	5516.96	0.00	3.90	
	共1条记录			5516.96	5516.96	0.00	3.90	

图2-1-2（13）　2019-02-27收银员日报表

收银员日报表

打印时间：2019-02-28 14:50:19   页码：   第1页 共1页

操作员：总经理   仓库：总仓库

	日期	收款员编码	姓名	现金	小计	折扣金额	退货金额	备注
1	2019/2/28	015	韦凤萍	4276.59	4276.59	0.00	0.00	
	共1条记录			4276.59	4276.59	0.00	0.00	

图2-1-2（14）　2019-02-28收银员日报表

收银员日报表

打印时间：2019-02-28 21:47:28   页码：   第1页 共1页

操作员：总经理   仓库：总仓库

	日期	收款员编码	姓名	现金	小计	折扣金额	退货金额	备注
1	2019/2/28	007	张华	5807.17	5807.17	0.00	0.00	
	共1条记录			5807.17	5807.17	0.00	0.00	

图2-1-2（15）　2019-02-28收银员日报表

请根据上文中的"收银员交班清单"及"收银员日报表"填写"实战超市营业款结算单"（详见图2-1-3），然后逐日将营业款数据汇总至本月的"营业额日报表"（详见图2-1-4）中。

实战超市营业款结算单

今收到交来营业款小写_____元，大写____万____仟____佰____拾____元____角____分。

备注：签单_____元，刷卡_____元，现结_____元。

领导审核：   财务：

年   月   日

图2-1-3 实战超市营业款结算单

年 月份营业额日报表

年   月   日

日期	现金营业额	签单金额	学生刷卡	合计
合计				

审核：   制表人：   财务：

图2-1-4 营业额日报表

按照营业款管理制度，需按时将每日营业收入送存银行。在银行缴款时，需填写“现金缴款单”（详见图2－1－5）。请根据上述营业收入情况填制下列单据。（注：本实训中，无需填写“券别”，在实际工作中可根据具体情况填列。）

中国农业银行
AGRICULTURAL BANK OF CHINA

现金缴款单

客户填写	收款人户名														
	收款人账号			收款人开户行											
	缴款人			款项来源											
	币种（√）	人民币□	大写：		亿	千	百	十	万	千	百	十	元	角	分
		外币：													
	券别	100元	50元	20元	10元	5元	2元	1元			辅币（金额）				

第一联　银行记账凭证

010003O1GG　210×148mm

图2－1－5　现金缴款单

实训项目二　往来业务核算与管理

1. 任务描述

请根据往来业务管理流程完成2019年三家供应商应付账款登记：

（1）请做好供货商日常供货单据归类整理，并造表汇总相关数据。

（2）结算转账支付金额填制转账支票，办理转账业务支付货款。

2. 实训成果及评分标准

表 2 - 2 - 1 "往来业务核算与管理" 实训成果及评分标准

序号	成果或操作	评分标准	配分	得分
1	单据整理	按供货商分类，准确归类送货单，并制作小纸片附于单据前	10	
2	完善小纸片信息	1. 在小纸片上正确汇总供货商供货数据； 2. 明细登记应付、实付汇款情况	20	
3	编制"应付货款支付情况汇总表"	填写正确、完整；书写整洁	20	
4	转账支票填写	1. 按照不同供货商结算要求，准确计算结算金额； 2. 正确填写转账支票和"进账单"	30	
5	实训心得	书写规范、能流畅表达实训所做所思所感，并有一定的自我分析和评价。不少于120字	20	
	成绩总分		100	
实训心得（小结及体会）				

3. 实训资料

柳州市天力食品销售出货单

开单日期：2019-2-17　　　　　　　　　　　　　单号：KK-000-2019-02-17-0002

购货单位	名称	实战超市		电话			
	地址			摘要			
序号	国际条形码	货品名称	规格	单位	数量	单价	金额
1	6922956300765	50g路路酒鬼鱼仔	1*120	袋	10	2.40	24.00
2	6922956300505	50g路路炭烧鱼仔	1*120	袋	20	2.40	48.00
3	6922956300666	50g路路蒜香鱼仔	1*120	袋	20	2.40	48.00
4	6922956300697	100g露露素鱼片	1*80	袋	15	2.40	36.00
5	6922956302080	90g路路麻辣珍珠串	1*80	袋	15	2.40	36.00
6	6922956302097	90g路路柴火香干	1*80	袋	15	2.40	36.00
7	6922956301106	90g路路麻辣豆腐串	1*70	袋	15	2.40	36.00
8	6956831800187	70g爽口香酒鬼花生	1*120	袋	20	2.00	40.00
9	6956831800064	110g爽口香酒鬼花生	1*80	袋	20	2.80	55.00
10	6956831800224	80g旺佳旺青豆蒜香味	1*50	袋	10	2.00	20.00
11	6956831800231	80g旺佳旺青豆香辣味	1*50	袋	10	2.00	20.00
12	6901496963388	25g麦	1*50*6	袋	50	1.20	60.00
13	6901496965511	100g麦	1*120	袋	20	3.60	72.00
14	6936868700032	90g康之有野山椒凤爪	1*100	袋	10	3.60	36.00
15	6936868700186	180g康之有山椒凤爪	30	袋	10	7.20	72.00
16	6936868700155	90g康之有泡姜凤爪	60	袋	10	4.00	40.00
17	6936868700131	90g山椒鸡尖	60	袋	10	4.00	40.00
	价税合计	金额大写		柒佰壹拾玖元整			719.00
开单人：刘柳		送货员：		业务员：	赵明	客户签名：	

联系电话：0772-3211698　　　　　传真：0772-3211458　　　第1页 共3页

图 2-2-1（1）　柳州市天力食品销售出货单

柳州市天力食品销售出货单

开单日期：2019-2-17　　　　　　　　　　　　　单号：KK-000-2019-02-17-0002

购货	名称	实战超市		电话			
	地址			摘要			
序号	国际条形码	货品名称	规格	单位	数量	单价	
18	6925928529669	118g红土地红薯坊（条）	1*80	袋	10	2.40	24.00
19	6925928566848	150g金土地蜂蜜薯（条）	1*80	袋	10	3.20	32.00
20	6925928509081	208g金土地蜂蜜薯	1*60	袋	10	4.00	40.00
22	6925928566879	135g金土地龙岩咸干花生	1*90	袋	10	3.20	32.00
23	6925928509135	200g金土地龙岩花生（蒜香）	1*50	袋	10	4.50	46.00
24	6925928509159	200g金土地龙岩花生（蒜香）	1*50	袋	10	4.60	46.00
25	6925629984699	400g金土地龙岩花生（咸干）	1*30	袋	5	9.00	45.00
26	6925629987201	90g上珍果九制话梅	1*80	袋	15	3.60	54.00
27	6925629984699	90g上珍果九制乌梅	1*80	袋	15	3.60	54.00
28	6925629987195	90g上珍果九制橘梅	1*80	袋	15	3.60	54.00
29	6925529984521	100g上珍果上珍话梅	1*80	袋	10	3.80	38.00
30	6925529984866	100g上珍果上珍情人梅	1*80	袋	10	3.80	38.00
31	6925529984910	100g上珍果上珍乌梅	1*70	袋	10	3.80	38.00
32	6925529990614	85g上珍果九制梅肉	1*80	袋	10	2.40	24.00
33	6925529985334	120g上珍果冬瓜丁	1*80	袋	10	2.40	24.00
34	6925629984560	120g上珍果上珍葡萄干	1*80	袋	10	7.00	70.00
	价税合计			陆佰伍拾玖元整			659.00
开单人：刘柳		送货员：		业务员：	赵明	客户签名：	

联系电话：0772-3211698　　　　　传真：0772-3211458　　　第2页 共3页

图 2-2-1（2）　柳州市天力食品销售出货单

柳州市天力食品销售出货单

开单日期：2019-2-17　　　　单号：KK-000-2019-02-17-0002

购货	名称	实战超市	电话				
单位	地址		摘要				
序号	国际条形码	货品名称	规格	单位	数量	单价	金额
35	6925629981940	128g上珍果脆香怪味豆	1*70	袋	10	3.60	36.00
36	6925629981933	108g上珍果脆香兰花豆	1*70	袋	10	3.60	36.00
37	6925629990393	103g上珍果西瓜子	1*80	袋	10	4.00	40.00
38	6925629990386	75g上珍果西瓜子	1*90	袋	10	3.20	32.00
39	6925629990362	75g上珍果白瓜子	1*80	袋	10	3.20	32.00
40	6955436100012	30g仙翁香卤蛋	1*150	袋	50	0.80	40.00
41	6955436100043	35g仙翁钙蛋	1*150	袋	50	0.80	40.00
42	6955436100289	60g仙翁二枚五香蛋	1*75	袋	30	1.60	48.00
43	6955436100289	60g仙翁茶香蛋有壳	1*75	袋	30	1.60	48.00
44	6955436100111	90g仙翁三枚无壳香卤蛋	1*50	袋	20	2.40	48.00
45	6955436100111	90g仙翁三枚有壳香卤蛋	1*50	袋	20	2.40	48.00
46	6955436100036	35g仙翁小腿王	1*150	袋	30	1.60	48.00
	价税合计	金额大写	肆佰玖拾六元整				496.00
	总　计	金额大写	壹仟捌佰柒拾肆元整				1874.00
开单人：	刘柳	送货员：	业务员：	赵明	客户签名：		

联系电话：0772-3211698　　传真：0772-3211458　　第3页　共3页

图2-2-1（3）　柳州市天力食品销售出货单

柳州市力天食品销售出货单

开单日期：2019-03-03　　　　单号：GR0020190304-00022

客户名称		实战超市	客户电话				
客户地址			单据摘要				
序号	国际条形码	商品名称	箱装	单位	数量	单价	金额
1	6925629984866	108g上珍果情人梅	1*80	袋	10	3.08	38.00
2	6925629981940	128g上珍果脆香怪味豆	1*70	袋	10	3.60	36.00
3	6925629989854	120g上珍果冬瓜丁	1*80	袋	10	2.40	24.00
4	6925629984811	65g上珍果香蕉片	1*80	袋	10	2.40	24.00
5	6925629984866	125g上珍果榴莲糖	1*80	袋	10	4.60	46.00
6	6925629984811	120g上珍果生姜糖	1*70	袋	10	4.00	40.00
7	6925629990386	75g上珍果西瓜子	1*90	袋	10	3.20	32.00
8	6925629985498	80g上珍果牛肉粒沙爹味	1*40	袋	10	7.80	78.00
9	6925629985504	80g上珍果牛肉粒五香味	1*40	袋	10	7.80	78.00
10	6925629985511	80g上珍果牛肉粒香辣味	1*40	袋	10	7.80	78.00
11	6925629981773	318g上珍果白糖	1*60	袋	60	4.70	282.00
12	6925629981759	318g上珍果冰糖	1*50	袋	20	5.50	110.00
13	6925629981766	318g上珍果红糖	1*50	袋	20	4.70	94.00
14	6936868700070	60g康之有野山椒凤爪	1*130	袋	20	2.40	48.00
15	6925928509166	400g金土地龙岩花生（咸干）	1*30	袋	10	95.00	90.00
16	6925629990614	85g上珍果九制梅肉	1*80	袋	10	2.40	24.00
17	6925928566879	135g金土地龙岩蒜香花生	1*90	袋	10	3.20	32.00
开单人：	刘柳	进货员：	业务员：	赵明	客户签名：		

联系电话 0772-3211698　　传真：0772-3211458　　第1页　共2页

图2-2-1（4）　柳州市天力食品销售出货单

柳州市力天食品销售出货单

开单日期: 2019-03-03 单号: GR0020190304-00022

		客户名称			实战超市			客户电话		
		客户地址						单据摘要		
序号	国际条形码	商品名称		箱装	单位	数量	单价	金额
18	6922956302035	90g路路臭豆腐	1*80	袋	20	2.40	48.00
19	6922956300758	90g路路麻辣小丸子	1*70	袋	15	2.40	36.00
20	6922956302066	100g路路红油兰花干	1*70	袋	15	2.40	36.00
21	6922956300765	50g路路酒鬼鱼仔	1*120	袋	10	2.40	24.00
22	6922956300529	50g路路野山椒鱼仔	1*120	袋	20	2.40	48.00
23	6922956300512	70g路路泡椒鱼仔	1*100	袋	20	3.20	64.00
24	6955436100289	60g仙翁二枚五香蛋	1*75	袋	50	1.60	80.00
25	6955436100043	35g仙翁钙蛋	1*150	袋	50	0.80	40.00
26	6955436100111	90g仙翁三枚无壳香卤蛋	1*50	袋	20	2.40	48.00
价税合计		金额大写		肆佰贰拾肆元整				1578.00
开单人: 刘柳		进货员:		业务员:	赵明	客户签名:		

联系电话 0772-3211698　　　　传真: 0772-3211458　　　　第2页 共2页

图 2-2-1 (5)　柳州市天力食品销售出货单

柳州市天力食品销售出货单

开单日期: 2019-3-24 单号: XK-000-2019-03-24-0005

		客户名称			实战超市			客户电话		
		客户地址						单据摘要		
序号	国际条形码	货品名称		箱装	单位	数量	单价	金额
1	6955436100289	60g仙翁二枚五香蛋	1*75	袋	20	1.60	32.00
2	6955436100289	60g仙翁茶香蛋有壳	1*75	袋	20	1.60	32.00
3	6955436100111	90g仙翁三枚无壳香卤蛋	1*50	袋	15	2.40	36.00
4	6955436100111	90g仙翁三枚有壳香卤蛋	1*50	袋	15	2.40	36.00
5	6922956302110	90g路路相思卷	1*100	袋	10	2.40	24.00
6	6922956300598	108g路路素牛筋	1*80	袋	10	2.40	24.00
7	6922956300758	90g路路麻辣小丸子	1*70	袋	10	2.40	24.00
8	6922956300895	100g路路麻辣串串香	1*70	袋	10	2.40	24.00
9	6922956300505	50g路路炭烧鱼仔	1*120	袋	15	2.40	36.00
10	6922956300901	16g路路野山椒鱼仔	1*360	袋	90	0.80	72.00
11	6925928509100	400g金土地龙岩花生（咸干）	1*30	袋	5	9.00	45.00
12	6925928566879	135g金土地龙岩咸干花生	1*90	袋	10	3.20	32.00
13	6956831800064	110g爽口香酒鬼花生	1*80	袋	20	2.80	56.00
14	6956831800224	80g旺佳旺青豆蒜香味	1*50	袋	10	2.00	20.00
15	6956831800231	80g旺佳旺青豆香辣味	1*50	袋	10	2.00	20.00
开单人: 刘柳		送货员:		业务员:	赵明	客户签名:		

联系电话: 0772-3211698　　　　传真: 0772-3211458　　　　第1页 共2页

图 2-2-1 (6)　柳州市天力食品销售出货单

柳州市力天食品销售出货单

开单日期		2019-3-24					单号：XK-000-2019-03-24-0005		
客户名称			实战超市		客户电话				
客户地址					单据摘要				
序号	国际条形码		商品名称	箱装	单位	数量	单价	金额	
16	6925629981940		128g上呦果脆香怪味豆	1*70	袋	10	3.60	36.00	
17	6925629986891		150g上呦果鱼皮花生	1*60	袋	10	3.20	32.00	
18	6901496965511		100g麦咪	1*120	袋	15	3.60	54.00	
19	6901496963388		25g麦咪	1*50*6	袋	50	1.20	60.00	
价税合计			金额大写		陆佰玖拾伍元整			695.00	
开单人：	刘柳	进货员：		业务员：	赵明	客户签名：			
联系电话：0772-3211698		传真：0772-3211458				第2页 共2页			

图 2-2-1 (7) 柳州市天力食品销售出货单

柳州市力天食品销售出货单

开单日期	2019-5-14						单号：GR0020190517-00197		
客户名称			实战超市		客户电话				
客户地址					单据摘要				
序号	国际条形码		商品名称	箱装	单位	数量	单价	金额	
1	6955436100111		90g仙翁三枚无壳香卤蛋	1*50	袋	10	2.40	24.00	
2	6955436100111		90g仙翁三枚有壳香卤蛋	1*50	袋	10	2.40	24.00	
3	6955436100043		35g仙翁钙蛋	1*150	袋	30	0.80	24.00	
4	6936868700070		60g康之有野山椒凤爪	1*130	袋	20	2.40	48.00	
5	6936868700186		180g康之有山椒凤爪	30	袋	10	7.20	72.00	
6	6922956302110		90g路路相思卷	1*100	袋	20	2.40	48.00	
7	6922956300598		108g路路素牛筋	1*80	袋	20	2.40	48.00	
8	6922956300895		100g路路麻辣串串香	1*70	袋	10	2.40	24.00	
9	6922956302066		100g路路红油兰花干	1*70	袋	10	2.40	24.00	
10	6922956300758		90g路路麻辣小丸子	1*70	袋	10	2.40	24.00	
11	6922956302035		90g路路臭豆腐	1*80	袋	10	2.40	24.00	
12	6922956300901		16g路路野山椒鱼仔	1*360	袋	180	0.80	144.00	
13	6922956300772		16g路路野山椒鱼仔	1*360	袋	180	0.80	144.00	
14	6922956300871		16g路路香酥鱼仔	1*360	袋	180	0.80	144.00	
15	6956831800064		110g爽口香酒鬼花生	1*80	袋	10	2.80	28.00	
开单人：	刘柳	进货员：		业务员：		赵明	客户签名：		
联系电话 0772-3211698		传真：0772-3211458				第1页 共3页			

图 2-2-1 (8) 柳州市天力食品销售出货单

柳州市天力食品销售出货单

开单日期: 2019-05-14　　　　　　　　　　　　　　单号XK-000-2019-05-14-0006

客户名称		实战超市		客户电话				
客户地址				单据摘要				
序号	国际条形码	货品名称	箱装	单位	数量	单价	金额	
16	6956831800224	80g旺佳旺青豆蒜香味	1*50	袋	10	2.00	20.00	
17	6956831800231	80g旺佳旺青豆香辣味	1*50	袋	10	2.00	20.00	
18	6925928566879	135g金土地龙岩蒜香花生	1*90	袋	10	3.20	32.00	
19	6925928609136	200g金土地龙岩花生（咸干）	1*50	袋	10	4.60	46.00	
20	6925928509159	200g金土地龙岩花生（蒜香）	1*50	袋	10	4.60	46.00	
21	6925920509173	400g金土地龙岩花生（蒜香）	1*30	袋	5	9.00	45.00	
22	6925629986860	65g上梦果香蕉片	1*80	袋	10	2.40	24.00	
23	6925629981933	108g上梦果脆香兰花豆	1*70	袋	10	3.60	36.00	
24	6925629984910	100g上梦果上梦乌梅	1*80	袋	10	3.80	38.00	
25	6925629984521	100g上梦果上梦杨梅	1*80	袋	10	3.80	38.00	
26	6925629982091	100g上梦果上梦情人梅	1*80	袋	10	3.60	36.00	
27	6925629990062	120g上梦果正宗话梅	1*60	袋	10	5.20	52.00	
28	6925629990669	108g上梦果正宗话梅	1*60	袋	10	5.20	52.00	
29	6925629986334	120g上梦果冬瓜丁	1*80	袋	10	2.40	24.00	
30	6925629989243	108g上梦果绿提子	1*80	袋	10	6.40	64.00	

开单人: 刘柳　　　送货员:　　　　　　　　业务员:　赵明　客户签名:

联系电话: 0772-3211698　　　　传真: 0772-3211458　　第2页 共3页

图2-2-1（9）　柳州市天力食品销售出货单

柳州市天力食品销售出货单

开单日期: 2019-05-14　　　　　　　　　　　　　　单号XK-000-2019-05-14-0006

客户名称		实战超市		客户电话				
客户地址				单据摘要				
序号	国际条形码	货品名称	箱装	单位	数量	单价	金额	
30	6901496965511	100g麦咪	1*120	袋	10	3.60	36.00	
31	6925629981766	318g上梦果红糖	1*50	袋	30	4.70	141.00	
32	6925629981769	318g上梦果冰糖	1*50	袋	30	5.50	165.00	
价税合计		金额大写		壹仟柒佰伍拾玖元整			1759.00	

开单人: 刘柳　　　送货员:　　　　　　　　业务员:　赵明　客户签名:

联系电话: 0772-3211698　　　　传真: 0772-3211458　　第3页 共3页

图2-2-1（10）　柳州市天力食品销售出货单

绿天食品销售出库单

开票日期		2019-5-4	出货仓	总仓	单号	2019-5-4		1
购货单位		柳州市实战超市有限公司						
序号	货品名称	商品编码	规格型号	单位	数量	单价	金额	
1	川南口口脆榨菜62g	6915993301703	1*50	包	250	0.85	212.5	
2	川南麻辣萝卜干62g	6915993301734	1*50	包	150	0.85	127.5	
	页小计						340	
	价税合计	金额大写		叁佰肆拾元整			340	

银行: 农行箭盘山分行　6228 40808 5142 6392 829　户名: 张李莉

开单人: 王丽　　　仓管员: 文华　　　业务员: 赵勤

图2-2-2（1）　绿天食品销售出货单

绿天食品销售出库单

开票日期	2019-5-6		出货仓	总仓	单号	2019-5-6		1
购货单位			柳州市实战超市有限公司					
序号	货品名称	商品编码	规格型号	单位	数量	单价		金额
1	珍奇味润喉糖55g	6922043184469	1*80包	包	15	2.1		31.5
2	20g巧克力味妮可杯	6922824587557	10杯*12盒	杯	10	2		20
3	20g草莓味妮可杯	6922824577564	10杯*12盒	杯	10	2		20
4	30g连包酱心蛋卷原味	6952389210379	5包*4条*10	包	20	0.8		16
5	30g连包酱心蛋卷草莓味	6952389210386	5包*4条*10	包	20	0.8		16
6	120g真巧巧克力酱心巧克力味	6922824588967	1*42	袋	15	2.9		43.5
7	珍奇味青豆王110g	6922043171520	1*50包	包	10	3		30
	页小计							177
	价税合计		金额大写		壹佰柒拾柒元整			177
银行：农行箭盘山分行　6228 40808 5142 6392 829　户名：张李莉								
开单人：　王丽		仓管员：文华			业务员：赵勤			

图2-2-2（2）　绿天食品销售出货单

绿天食品销售出库单

开票日期	2019-5-7		出货仓	总仓	单号	2019-5-7		1
购货单位			柳州市实战超市有限公司					
序号	货品名称	商品编码	规格型号	单位	数量	单价		金额
1	鲁花压榨一级花生油	6916168616554	5L*4	瓶	20	125		2500
	页小计							2500
	价税合计		金额大写		贰仟伍佰零拾零元整			2500
银行：农行箭盘山分行　6228 40808 5142 6392 829　户名：张李莉								
开单人：　王丽		仓管员：文华			业务员：赵勤			

图2-2-2（3）　绿天食品销售出货单

绿天食品销售出库单

开票日期	2019-5-27		出货仓	总仓	单号	2019-5-27		1
购货单位			柳州市实战超市有限公司					
序号	货品名称	商品编码	规格型号	单位	数量	单价		金额
1	珍品味话梅糖55g	6922043184445	1*40包	包	10	2.5		25
2	55g笑脸草莓味	6922824589261	1*108	袋	10	0.85		8.5
3	50g朱古力曲奇饼干	6952389210557	1*100	袋	10	0.85		8.5
4	60g涂层蛋卷草莓味	6922824589025	1*40	盒	10	2.1		21
	页小计							63
价税合计			金额大写		陆拾叁元整			63
银行：农行箭盘山分行　6228 4080 8 5142 6392 829　户名：张李莉								
开单人：王丽			仓管员：文华			业务员：赵勤		

图 2-2-2（4）　绿天食品销售出货单

征润商贸销售出货单

开票日期	2019-2-17	出货仓		总仓		单号：GR0020190217-00001		
购货单位			城职学院实战超市					
序号	货品名称	商品编码	规格型号	单位		数量	单价	金额
1	嘉士利原味甜脆香饼200g	6901180901184	1*24	袋		10	3.45	34.50
2	嘉士利红枣甜脆香饼200g	6901180901689	1*24	袋		10	3.45	34.50
3	嘉士利胡麻甜脆香饼200g	6901180901283	1*24	袋		10	3.45	34.50
4	可可夹心饼干15g	6901180381986	1*24	袋		15	3.5	52.50
5	同享九制话梅（黑）35g	6913189335327	1*300	袋		30	1.7	51.00
6	同享九制话梅（黑）85g	6913189335990	1*60	袋		20	4.3	86.00
7	嘉士利奶盐味榄打饼干100g	6901180938180	1*30	袋		15	2.5	37.50
8	嘉士利鲜葱榄打饼100g	6901180338188	1*30	袋		15	2.5	37.50
价税合计		金额大写				叁佰陆拾捌元整		368.00
地址：柳州市九头山路12号仓库　联系电话：0772-3601175柳州/4227508来宾　执照号：450200200010337 (1-1)								
开单人：韦梅莎					传真：0772-3836166柳州/4227508来宾			

图 2-2-3（1）　征润商贸销售出货单

征润商贸销售出货单

开票日期	2019-2-17	出货仓		总仓		单号：GR0020190217-00002		
购货单位			城职学院实战超市					
序号	货品名称	商品编码	规格型号	单位		数量	单价	金额
1	嘉士利葱油味薄脆饼163g	6901180361582	1*20	袋		10	3.85	38.50
2	嘉士利椰奶饼185g	6901180717389	1*24	袋		10	3.45	34.50
3	嘉士利蛋奶饼185g	6901180717280	1*24	袋		10	3.45	34.50
4	嘉士利花生味花卷威化饼190g	6901180588989	1*26	袋		10	5.00	50.00
	页小计							157.50
价税合计		金额大写				壹佰伍拾柒元伍角整		157.50
地址：柳州市九头山路12号仓库　联系电话：0772-3601175柳州/4227508来宾　执照号：450200200010337 (1-1)								
开单人：韦梅莎					传真：0772-3836166柳州/4227508来宾			

图 2-2-3（2）　征润商贸销售出货单

征润商贸销售出货单

开票日期	2019-2-17		出货仓		总仓		单号：GR0020190217-00003	
购货单位				城职学院实战超市				
序号	货品名称	商品编码	规格型号	单位	数量	单价	金额	
1	嘉士利红枣早餐饼干109g	6901180906387	1*30	袋	15	2.4	36.00	
2	嘉士利牛奶早餐饼109g	6901180906585	1*30	袋	15	2.4	36.00	
3	嘉士利牛奶早餐饼167g	6901180905984	1*48	袋	15	2.65	39.75	
4	加斯李麦麸早餐饼167g	6901180906189	1*48	袋	15	2.65	39.75	
5	嘉士利红枣早餐饼167g	6901180906080	1*48	袋	15	2.65	39.75	
6	嘉士利早餐饼167g	6901180339581	1*48	袋	15	2.65	39.75	
7	嘉士利通心饼160g	6901180339383	1*40	袋	15	2.8	42.00	
8	嘉士利绿豆饼甜脆香饼200g	6901180901382	1*24	袋	10	3.45	34.50	
价税合计		金额大写			叁佰零柒元伍角整			307.50

地址：柳州市九头山路12号仓库　　　　联系电话：0772-3601175柳州/4227508来宾　　　　执照号：450200200010337（1-1）
开单人：韦梅莎　　　　　　　　　　　　　　　　　　　　　　　　　传真：0772-3836166柳州/4227508来宾

图2-2-3（3）　征润商贸销售出货单

征润商贸销售出货单

开票日期	2019-2-17		出货仓		总仓		单号：GR0020190217-00004	
购货单位				城职学院实战超市				
序号	货品名称	商品编码	规格型号	单位	数量	单价	金额	
1	嘉士利果汁威化饼93g	6901180681185	1*28	袋	14	2.4	33.60	
2	嘉士利香芒威化饼93g	6901180592184	1*28	袋	14	2.4	33.60	
3	嘉士利朱古力威化饼93g	6901180592283	1*28	袋	14	2.4	33.60	
4	嘉士利椰汁威化饼93g	6901180591989	1*28	袋	14	2.4	33.60	
5	嘉士利凤梨果酱夹心饼干93g	6901180915983	1*28	袋	10	3.1	31.00	
6	嘉士利草莓果酱夹心饼干93g	6901180915785	1*28	袋	10	3.1	31.00	
7	嘉士利蓝莓果酱夹心饼干93g	6901180915884	1*28	袋	10	3.1	31.00	
8	嘉士利麦麸早餐饼109g	6901180906288	1*30	袋	15	2.4	36.00	
价税合计		金额大写			贰佰陆拾叁元肆角整			263.40

地址：柳州市九头山路12号仓库　　　　联系电话：0772-3601175柳州/4227508来宾　　　　执照号：450200200010337（1-1）
开单人：韦梅莎　　　　　　　　　　　　　　　　　　　　　　　　　传真：0772-3836166柳州/4227508来宾

图2-2-3（4）　征润商贸销售出货单

征润商贸销售出货单

开票日期	2019-5-6		出货仓		总仓		单号：GR0020190506-00067	
购货单位				城职学院实战超市				
序号	货品名称	商品编码	规格型号	单位	数量	单价	金额	
1	嘉士利葱油味薄脆饼163g	6901180361582	1*20	袋	20	3.85	77.00	
2	嘉士利椰奶饼185g	6901180717389	1*24	袋	20	3.45	69.00	
3	嘉士利钙奶饼185g	6901180717181	1*24	袋	20	3.45	69.00	
4	嘉士利牛奶早餐饼167g	6901180905984	1*48	袋	20	2.65	53.00	
5	嘉士利红枣早餐饼167g	6901180906080	1*48	袋	20	2.65	53.00	
6	嘉士利早餐饼167g	6901180339581	1*48	袋	20	2.65	53.00	
7	嘉士利麦麸早餐饼167g	6901180906180	1*48	袋	20	2.65	53.00	
8	嘉士利凤梨果酱夹心饼干93g	6901180915983	1*30	袋	20	3.1	62.00	
价税合计		金额大写			肆佰捌拾玖元整			489.00

地址：柳州市九头山路12号仓库　　　　联系电话：0772-3601175柳州/4227508来宾　　　　执照号：450200200010337（1-1）
开单人：韦梅莎　　　　　　　　　　　　　　　　　　　　　　　　　传真：0772-3836166柳州/4227508来宾

图2-2-3（5）　征润商贸销售出货单

征润商贸销售出货单

开票日期	2019-5-6		出货仓		总仓	单号：GR0020190506-00068		
购货单位			城职学院实战超市					
序号	货品名称	商品编码	规格型号	单位	数量	单价	金额	
1	同享九制话梅（黑）35g	6913189335327	1*300	袋	30	1.7	51.00	
2	同享九制话梅（黑）85g	6913189335990	1*60	袋	20	4.3	86.00	
3	嘉士利香芒威化饼93g	6901180592184	1*28	袋	14	2.4	33.60	
4	嘉士利果汁威化饼93g	6901180681185	1*28	袋	14	2.4	33.60	
5	嘉士利椰汁威化饼93g	6901180591989	1*28	袋	14	2.4	33.60	
6	嘉士利朱古力威化饼93g	6901180592283	1*28	袋	14	2.4	33.60	
7	嘉士利通心饼160g	6901180339383	1*40	袋	15	2.8	42.00	
8	嘉士利原味甜脆香饼200g	6901180901184	1*24	袋	15	3.45	51.75	
页小计							365.15	
价税合计		金额大写			叁佰陆拾伍元壹角伍分		365.15	

地址：柳州市九头山路12号仓库　　联系电话：0772-3601175柳州/4227508来宾　　执照号：450200200010337 (1-1)
开单人：韦梅莎　　　　　　　　　　　　　　　　　传真：0772-3836166柳州/4227508来宾

图 2-2-3（6）　征润商贸销售出货单

表 2-2-2　供货商基本信息

供货商名称	开户行	账号
柳州市天力食品公司	柳州银行柳石路支行	621212011000885118
绿天食品有限公司	交通银行柳南支行	6282110820884166
柳州征润商贸有限公司	柳州银行白云支行	621212011000665431

经与供货商协商，三家供货商的结算时间要求有所不同，详情如下：

表 2-2-3　供货商结算情况说明

供货商简称	结算说明
天力	4月、7月分别结算一次货款
绿天	月结，不足1000元可现金结算
征润	学期末一次性结算

（注：假定目前购进的商品销售情况良好，预计不会存在滞销现象，保质期尚有一定时间。）

根据上文中相关资料，汇总填制"应付货款支付情况汇总表"（详见图 2-2-4）。

应付货款支付情况汇总表

月份	应付货款			货款支付情况				
	天力	绿天	征润	天力	绿天	征润	支付方式	支付时间
1							现金/转账	
2							现金/转账	
3							现金/转账	
4							现金/转账	
5							现金/转账	
6							现金/转账	
7							现金/转账	
合计								

制单人　　　　　　　　　　复核人

图2-2-4　应付货款支付情况汇总表

请按照各供货商结算要求，于结算日填写转账支票（详见图2-2-5），足额结清货款。银行转账成功后，将"进账单（回单）"（详见图2-2-6）返回我单位，一并交由会计人员作为原始凭证入账。

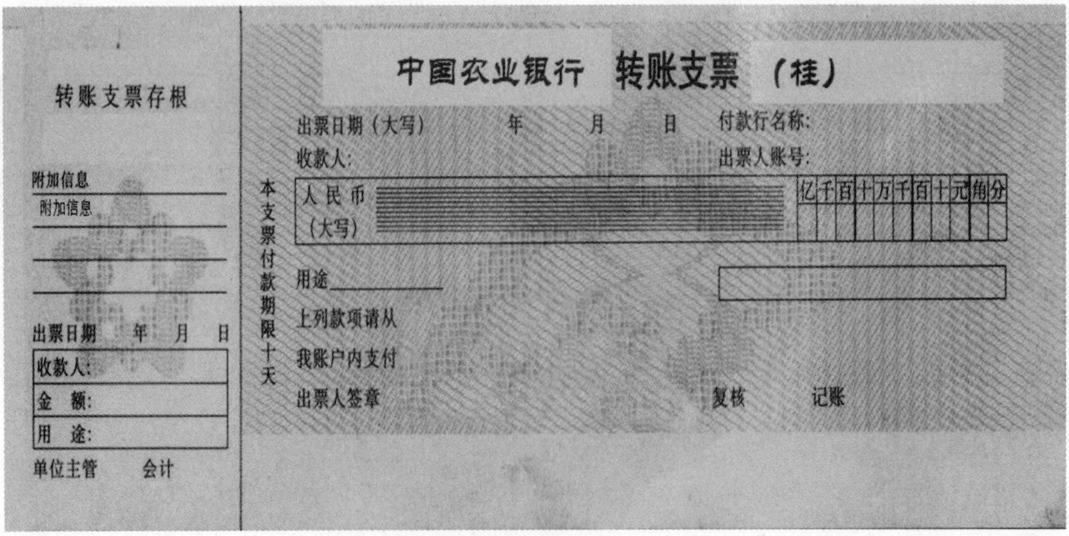

图2-2-5　转账支票

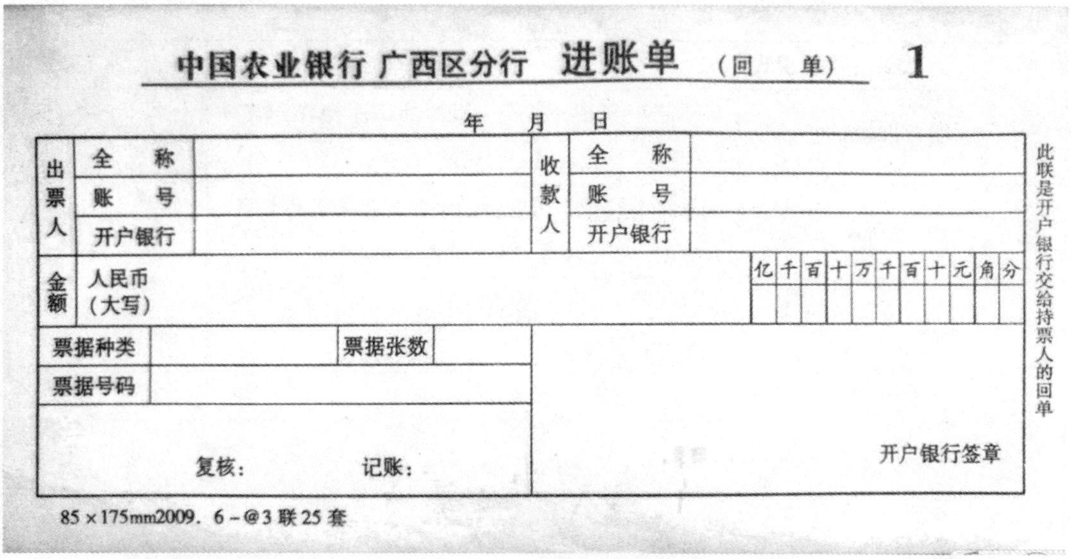

中国农业银行 广西区分行　进账单　（回　单）　1

年　月　日

出票人	全　称		收款人	全　称	
	账　号			账　号	
	开户银行			开户银行	
金额	人民币（大写）				亿 千 百 十 万 千 百 十 元 角 分
票据种类		票据张数			
票据号码					
复核：　记账：			开户银行签章		

此联是开户银行交给持票人的回单

85×175mm2009. 6-@3 联 25 套

（注：由于“进账单”一式三份采用复写形式，训练中不再附第2、第3联。）

图 2-2-6　进账单（回单）

实训项目三　存货登记与管理

1. 任务描述

进入超市工作场地，开展商品盘点及出入库操作实训，跟随企业工作学习存货管理的操作步骤，并做好相关记录。

2. 实训成果及评分标准

表 2-3-1　“存货登记与管理”实训成果及评分标准

序号	成果或操作	评分标准	配分	得分
1	记录商品出入库实施步骤	根据工作场地师傅介绍，完整记录商品出入库的基本步骤，字迹清晰整洁	20	
2	填制“入库单”	根据超市安排，完成一次入库对接工作，填写“入库单”，做到完整、规范	20	

续表

序号	成果或操作	评分标准	配分	得分
3	填制"出库单"	根据超市安排，完成一次商品出库操作，填写"出库单"，做到完整、规范	20	
4	填制"商品盘点表"	根据超市安排，完成所在小组承担的盘点任务，并完整、规范填写"商品盘点表"	20	
5	实训心得	书写规范、能流畅表达实训所做所思所感，并有一定的自我分析和评价。不少于120字	20	
成绩总分			100	

实训心得（小结及体会）

3. 实训步骤

（1）商品入库

每位同学观察超市货物入库上架的过程，并记录货物入库的一般步骤。跟随店员一起进行货物入库上架，填制入库单。入库流程及步骤记录：

第一步：

第二步：

第三步：

第四步：

第五步：

表 2 - 3 - 2　入库单

序号	商品条码	商品名称及规格	保质期	数量	送达时间
1					
2					
3					
4					
5					
6					
7					
8					
9					
10					
11					
12					
13					
送货人：　　　收货员：　　　检验员：　　　入库员：					

（2）商品出库

了解货物由整箱出库至拆零上架的过程，并记录这个过程，填制出库单。出库上架流程及步骤记录：

第一步：

第二步：

第三步：

第四步：

第五步：

表 2 - 3 - 3   出库单

序号	商品条码	商品名称及规格	数量	出库时间
1				
2				
3				
4				

客户（领用部门）：   拣货员：   检验员：   出库员：

（3）库存盘点

①内部编码：盘点结束以后再填，要求内部编码能表示出商品类别（三位数字）、供应商（三位数字）及所供应的商品（两位数字）等信息。了解超市内的内部编码规则。

②商品条码：EAN - 13 码，即以 69 开头的 13 位数字，如 6902083884178。抄写数字时需仔细，另外注意观察条码所贴的位置。

③商品名称及规格：如蒙牛高钙低脂牛奶 250ml，娃哈哈纯真年代 596ml。

④保质期：以月或天为单位，如 12 个月，45 天等。

⑤数量：以个或箱为单位，如 18 个，6 箱等。

⑥责任人：直接责任人签名。复核人是第一责任人，其次是记账人，再次是责任人，最后是制表人。

⑦备注：特殊情况。

表 2－3－4 商品盘点表（ ）

填表日期： 年 月 日

序号	内部编码	商品条码	商品名称及规格	保质期（天或月）	数量（个或箱）	存放货位	责任人	备注
1								
2								
3								
4								
5								
6								
7								
8								
9								
10								
11								
12								
13								
14								
15								
…								

记账人： 复核人： 制表人：

实训项目四 账务处理与纳税申报

1. 任务描述

记账、算账和报账是会计人员的核心工作。请根据实战超市本月发生的各类业务，填制记账凭证、进行试算并填制科目汇总表、编制会计报表，完成纳税申报表填写工作。

2. 实训成果及评分标准

表 2－4－1 "账务处理与纳税申报" 实训成果及评分标准

序号	成果或操作	评分标准	配分	得分
1	填制记账凭证	正确编写业务分录，记账凭证填写要素完备	20	
2	试算平衡	绘制 T 字账，对本期借贷方向发生额进行试算平衡操作	10	
3	填制科目汇总表	根据试算平衡结果，准确编制科目汇总表	10	
4	编制会计报表	根据期初数据和本期业务，准确编制"资产负债表""利润表"	20	
5	填写纳税申报表	准确填写"增值税纳税申报表（小规模纳税人）""附加税纳税申报表"等	20	
6	实训心得	书写规范、能流畅表达实训所做所思所感，并有一定的自我分析和评价。不少于120字	20	
	成绩总分		100	

实训心得（小结及体会）

3. 实训资料

（1）根据 2019 年 7 月超市经济业务，完成账务处理相关工作。

①7月8日，完成第三季度增值税申报工作，银行账户划扣相应费用，并取得完税证明，其中增值税1 257.44元。

②7月8日，完成上季度纳税申报工作，通过银行账户划扣应缴纳的城市维护建设税62.87元、教育费附加37.72元、地方教育费附加21.15元，并取得完税凭证。

③7月15日，收到北京意心莲餐饮公司、柳州城市职业学院、柳州铁路三川贸易有限公司、分散个人客户转账支付的往期购货款，分别为277.00元、661.40元、1 541.40元和6 420.20元。

④7月15日，支付6月份员工工资8 900元，其中销售人员6 100.00元，管理人员2 800.00元。

⑤7月20日，收到分散个人客户缴存的往期购货款10 581.00元。

⑥7月25日，转账结算前欠柳州市乾济商贸公司和鹿寨县名利食品商行的货款，分别为4 682.00元和5 899.00元。

⑦7月26日，向银行购买结算业务申请书，费用5.00元。

⑧7月31日，计提7月份员工工资9 000元，其中销售人员6 200.00元，管理人员2 800.00元。

⑨销售系列商品取得含税销售收入18 716.50元，并送存银行。

⑩结算本期销售成本14 123.50元。

⑪收入收益、费用开支结转"本年利润"。

（2）根据本期发生的业务，利用T字账开展试算平衡工作。

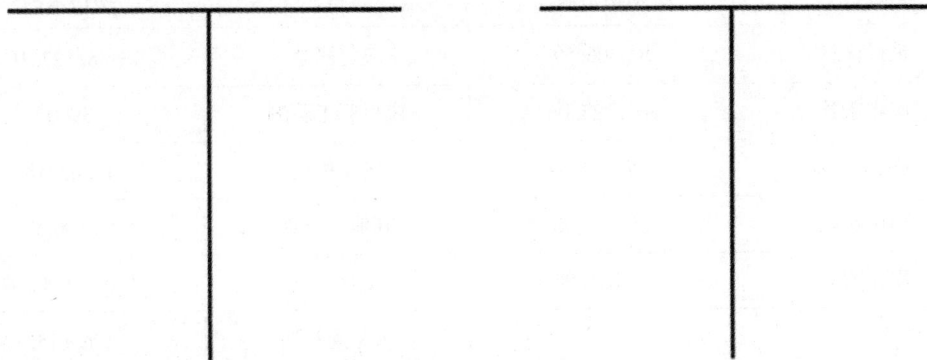

（3）编制科目汇总表［请使用实训耗材"科目汇总表"（详见表2-4-2）进行登记］。

表2-4-2　科目汇总表

科目汇总表

汇字第　　号

年　月　日　记账凭证：　字　第　　号至第　　号止

借方金额										√	会计科目	贷方金额										√
亿	千	百	十	万	千	百	十	元	角	分			亿	千	百	十	万	千	百	十	元	角	分	

（4）编制"本期期初科目余额表""资产负债表"和"利润表"（详见表2-4-3、表2-4-4、表2-4-5）。

表2-4-3　本期期初科目余额表

科目	期初余额	科目	期初余额
银行存款	10,406.59	应付账款	-48,127.10
应收账款	167,725.06	应付职工薪酬	8900
其他应收款	537,474.34	应交税费	1,383.18
预付账款	56,000.00	其他应付款	41,100.00
库存商品	54,834.96	实收资本	1,000,000.00
		未分配利润	-176,815.13

表2-4-4　资产负债表

单位名称：柳州市实战超市有限公司　　　　　　　　　　所属期：　　年　　月　单位：元

资产	年初数	期末数	负债和所有者权益	年初数	期末数
流动资产：			流动负债：		

资产	年初数	期末数	负债和所有者权益	年初数	期末数
货币资金	11,746.82		短期借款		
短期投资			应付票据		
应收票据			应付账款	-38,350.68	
应收股利			预收账款		
应收利息			应付职工薪酬		
应收账款	93,799.26		应付福利费		
其他应收款	569,876.76		应付股利		
预付账款	56,000.00		应交税费	1,037.23	
应收补贴款			其他应交款		
存货	124,390.66		其他应付款	66,000.00	
待摊费用			预提费用		
一年内到期的长期债券投资			预计负债		
其他流动资产			一年内到期的长期负债		
流动资产合计	855,813.50	0.00	其他流动负债		
长期投资:	-				
长期股权投资	-		流动负债合计:	28,686.55	-
长期债券投资			长期负债:		
长期投资合计			长期借款		
固定资产:			应付债券		
固定资产原价			长期应付款		
减: 累计折旧			专项应付款		
固定资产净额			其他长期负债		
减: 固定资产减值准备			长期负债合计		-

资产	年初数	期末数	负债和所有者权益	年初数	期末数
固定资产净额			递延税款		
工程物资			递延税款货项		
在建工程			负债合计	28,686.55	–
固定资产清理					
固定资产合计			所有者权益 （或股本）		
无形资产 及其他资产：			实收资本（或股本）	1,000,000.00	
无形资产			减：已返还投资		
长期待摊费用			实收资本净额		
其他长期资产			资本公积		
无形资产及 其他资产合计			盈余公积		
			其中：法定公益金		
递延税款：			未分配利润	-172,873.05	
递延税款借项			所有者权益合计	827,126.95	–
资产总计	855,813.50	0.00	负债和所有者权益总计	855,813.50	–

表 2-4-5　利润表

单位名称：柳州市实战超市有限公司　　　　　　　　　　所属期：　　年　　月

项目	行次	本月数	本年累计数
一、主营业务收入	1		
减：主营业务成本	4		
主营业务税金及附加	5		
二、主营业务利润（亏损以"—"号填列）	10		
加：其他业务利润（亏损以"—"号填列）	11		
减：营业费用	14		
管理费用	15		
财务费用	16		
三、营业利润（亏损以"—"号填列）	18		
加：投资收益（亏损以"—"号填列）	19		
补贴收入	22		
营业外收入	23		
减：营业外支出	25		
四、利润总额（亏损以"—"号填列）	27		
减：所得税	28		
五、净利润（净亏损以"—"号填列）	30		

(5) 填写"增值税纳税申报表（小规模纳税人）"（详见表2-4-6）。

表2-4-6 增值税纳税申报表（小规模纳税人）

增值税纳税申报表
（适用于增值税小规模纳税人）

纳税人识别号			填表日期			金额单位：元至角分
纳税人名称（公章）			税款所属期		至	

	项 目	栏次	本期数		本年累计	
			货物及劳务	服务、不动产和无形资产	货物及劳务	服务、不动产和无形资产
一、计税依据	（一）应征增值税不含税销售额（3%征收率）	1				
	税务机关代开的增值税专用发票不含税销售额	2				
	税控器具开具的普通发票不含税销售额	3				
	（二）应征增值税不含税销售额（5%征收率）	4				
	税务机关代开的增值税专用发票不含税销售额	5				
	税控器具开具的普通发票不含税销售额	6				
	（三）销售使用过的应税固定资产不含税销售额	7(7≥8)				
	其中：税控器具开具的普通发票不含税销售额	8				
	（四）免税销售额	9=10+11+12				
	其中：小微企业免税销售额	10				
	未达起征点销售额	11				
	其他免税销售额	12				
	（五）出口免税销售额	13(13≥14)				
	其中：税控器具开具的普通发票销售额	14				
	核定销售额					
二、税款计算	本期应纳税额	15				
	核定应纳税额					
	本期应纳税额减征额	16				
	本期免税额	17				
	其中：小微企业免税额	18				
	未达起征点免税额	19				
	应纳税额合计	20=15-16				
	本期预缴税额	21				
	本期应补（退）税额	22=20-21				

附录：超市会计科目

新科目名称	科目特征	部门核算
现金		
银行存款		
银行存款——基本户（账号）		
银行存款——保证金户（账号）		
其他货币资金		
应收票据	单位往来	
应收票据——银行承兑汇票	单位往来	
应收票据——商业承兑汇票	单位往来	
应收股利	单位往来	
应收利息	单位往来	
应收账款	单位往来	
应收账款——内部销售货款	单位往来	
应收账款——团购销售业务	单位往来	
应收账款——售卡暂收款		
其他应收款		
其他应收款——备用金	个人往来	部门
其他应收款——备用金——生鲜采购备用金	个人往来	部门
其他应收款——备用金——收银备用金	个人往来	部门
其他应收款——备用金——行政备用金	个人往来	部门
其他应收款——备用金——其他备用金	个人往来	部门
其他应收款——员工借款	个人往来	部门
其他应收款——应收罚款与责任赔款		
其他应收款——应收罚款与责任赔款——收银长短款		
其他应收款——应收罚款与责任赔款——现金短款		
其他应收款——应收罚款与责任赔款——资产损失责任赔款		
其他应收款——垫付职工承担款项		

新科目名称	科目特征	部门核算
其他应收款——银行卡	单位往来	
其他应收款——单位往来	单位往来	
其他应收款——单位往来——应收非主营业务收入	单位往来	
其他应收款——单位往来——预付款	单位往来	
其他应收款——单位往来——预付款——预付费用款	单位往来	
其他应收款——单位往来——预付款——预付工程设备款	单位往来	
其他应收款——单位往来——垫付款	单位往来	
其他应收款——单位往来——存出保证金	单位往来	
其他应收款——单位往来——内部往来	单位往来	
坏账准备		
坏账准备——应收账款计提		
坏账准备——其他应收款计提		
预付账款	单位往来	部门
预付账款——内部往来	单位往来	部门
预付账款——单位往来	单位往来	部门
材料采购	一般	
在途物资	一般	
原材料	一般	部门
包装物	一般	
包装物——包装袋	一般	
包装物——其他包装物	一般	
低值易耗品	一般	部门
低值易耗品——耐用品	一般	部门
低值易耗品——耐用品——在库	一般	部门
低值易耗品——耐用品——在用	一般	部门
低值易耗品——耐用品——摊销	一般	部门
低值易耗品——消耗品	一般	部门
材料成本差异	一般	
库存商品	一般	部门
库存商品——超市	一般	部门

新科目名称	科目特征	部门核算
库存商品——超市——食品	一般	部门
库存商品——超市——食品——13%	一般	部门
库存商品——超市——食品——9%	一般	部门
库存商品——超市——食品——10%扣除率	一般	部门
库存商品——超市——食品——0%	一般	部门
库存商品——超市——百货	一般	部门
库存商品——超市——百货——13%	一般	部门
库存商品——超市——百货——9%	一般	部门
库存商品——超市——百货——10%扣除率	一般	部门
库存商品——超市——百货——0%	一般	部门
发出商品	一般	
受托代销商品	一般	
受托代销商品——超市	一般	
受托代销商品——超市——食品	一般	
受托代销商品——超市——食品——13%税率	一般	
受托代销商品——超市——食品——9%税率	一般	
受托代销商品——超市——食品——10%扣除率	一般	
受托代销商品——超市——食品——零税率	一般	
受托代销商品——超市——百货	一般	
受托代销商品——超市——百货——13%税率	一般	
受托代销商品——超市——百货——9%税率	一般	
受托代销商品——超市——百货——10%扣除率	一般	
受托代销商品——超市——百货——零税率	一般	
委托加工物资	一般	
存货跌价准备	一般	
待摊费用	一般	
待摊费用——广告费	单位往来	
待摊费用——租赁费	单位往来	
待摊费用——卖场租赁费	单位往来	
待摊费用——办公区租赁费	单位往来	
待摊费用——库房租赁费	单位往来	

新科目名称	科目特征	部门核算
待摊费用——空调取暖费	单位往来	
待摊费用——修理费	单位往来	
待摊费用——保险费	单位往来	
待摊费用——检验费	单位往来	
待摊费用——垃圾处理费	单位往来	
待摊费用——咨询费	单位往来	
待摊费用——物业费	单位往来	
待摊费用——其他	单位往来	
长期股权投资	一般	
长期应收款	单位往来	
固定资产	一般	部门
固定资产——房屋建筑物	一般	部门
固定资产——机器设备	一般	部门
固定资产——交通运输设备	一般	部门
固定资产——其他设备	一般	部门
固定资产——固定资产装修	一般	部门
固定资产——经营租入固定资产改良	一般	部门
累计折旧	一般	
固定资产减值准备	一般	
在建工程	单位往来	
在建工程减值准备	一般	
工程物资	一般	
固定资产清理	一般	
无形资产	一般	
无形资产减值准备	一般	
长期待摊费用	一般	
长期待摊费用——租赁费	一般	
长期待摊费用——修理费	一般	
长期待摊费用——工程款	一般	
长期待摊费用——开办费	一般	
递延所得税资产	一般	

新科目名称	科目特征	部门核算
待处理财产损溢	一般	
待处理财产损溢——待处理流动资产损溢	一般	
待处理财产损溢——待处理固定资产损溢	一般	
短期借款	单位往来	
应付票据	单位往来	
应付票据——银行承兑汇票	单位往来	
应付票据——银行承兑汇票——货款	单位往来	
应付票据——商业承兑汇票	单位往来	
应付账款	单位往来	部门
应付账款——超市	单位往来	部门
应付账款——超市——经销	单位往来	部门
应付账款——超市——经销——食品	单位往来	部门
应付账款——超市——经销——百货	单位往来	部门
应付账款——超市——经销——内部转货供应商	单位往来	部门
应付账款——超市——经销——已收结账单据单位	单位往来	部门
应付账款——超市——经销——订单差异	单位往来	部门
应付账款——超市——代销	单位往来	部门
应付账款——超市——代销——食品	单位往来	部门
应付账款——超市——代销——百货	单位往来	部门
应付账款——超市——代销——内部转货供应商	单位往来	部门
应付账款——超市——代销——已收结账单据单位	单位往来	部门
应付账款——超市——代销——订单差异	单位往来	部门
应付账款——超市——联营	单位往来	部门
应付账款——超市——联营——已收结账单据单位	单位往来	部门
应付账款——商厦	单位往来	部门
应付账款——商厦——经销	单位往来	部门
应付账款——商厦——联营	单位往来	部门
预收账款	单位往来	
预收账款——货款	单位往来	
预收账款——团购卡	单位往来	
预收账款——租金	单位往来	

新科目名称	科目特征	部门核算
代销商品款	单位往来	部门
代销商品款——超市	单位往来	部门
代销商品款——超市——食品	单位往来	部门
代销商品款——超市——食品——13%税率	单位往来	部门
代销商品款——超市——食品——9%税率	单位往来	部门
代销商品款——超市——食品——10%扣除率	单位往来	部门
代销商品款——超市——食品——零税率	单位往来	部门
代销商品款——超市——百货	单位往来	部门
代销商品款——超市——百货——13%税率	单位往来	部门
代销商品款——超市——百货——9%税率	单位往来	部门
代销商品款——超市——百货——10%扣除率	单位往来	部门
代销商品款——超市——百货——零税率	单位往来	部门
应付职工薪酬	一般	
应付工资	一般	
应付福利费	一般	
应付股利	一般	
应交税费	一般	
应交税金	一般	
应交税金——应交增值税	一般	
应交税金——应交增值税——进项税额	一般	
应交税金——应交增值税——进项税额——13%	一般	
应交税金——应交增值税——进项税额——9%	一般	
应交税金——应交增值税——进项税额——10%扣除率	一般	
应交税金——应交增值税——销项税	一般	
应交税金——应交增值税——销项税——13%	一般	
应交税金——应交增值税——销项税——9%	一般	
应交税金——应交增值税——销项税——零税率	一般	
应交税金——应交增值税——已交税金	一般	
应交税金——应交增值税——进项税转出	一般	
应交税金——应交增值税——转出未交增值税	一般	
应交税金——应交增值税——转出多交增值税	一般	

新科目名称	科目特征	部门核算
应交税金——应交城建税	一般	
应交税金——未交增值税	一般	
应交税金——应交所得税	一般	
应交税金——应交房产税	一般	
应交税金——应交车船使用税	一般	
应交税金——应交个人所得税	一般	
其他应交款	一般	
其他应交款——教育费附加	一般	
其他应交款——代扣代缴税金	一般	
其他应交款——代扣代缴税金——营业税	一般	
其他应交款——代扣代缴税金——城建税	一般	
其他应交款——代扣代缴税金——教育费附加	一般	
其他应交款——代扣代缴税金——增值税	一般	
其他应交款——代扣代缴税金——增值税 -3%	一般	
其他应交款——代扣代缴税金——所得税	一般	
其他应交款——代扣代缴税金——其他（国税）	一般	
其他应交款——代扣代缴税金——其他（地税）	一般	
其他应付款	一般	
其他应付款——员工押金	一般	部门
其他应付款——单位往来	单位往来	部门
其他应付款——单位往来——供应商保证金	单位往来	部门
其他应付款——单位往来——供应商保证金——清场保证金	单位往来	部门
其他应付款——单位往来——供应商保证金——风险保证金（合同保证金）	单位往来	部门
其他应付款——单位往来——供应商保证金——质量保证金	单位往来	部门
其他应付款——单位往来——代收其他单位款项	单位往来	部门
其他应付款——单位往来——预收款	单位往来	部门
其他应付款——单位往来——预收款——预收非主营业务收入	单位往来	部门

新科目名称	科目特征	部门核算
其他应付款——单位往来——预收款——未处理发票销售款	单位往来	部门
其他应付款——单位往来——待付款	单位往来	部门
其他应付款——单位往来——待付款——待付费用款	单位往来	部门
其他应付款——单位往来——待付款——待付工程设备款	单位往来	部门
其他应付款——单位往来——内部往来	单位往来	部门
其他应付款——网银汇划专户	单位往来	
工会经费		
职工教育经费		
社会保险		
社会保险——养老保险		
社会保险——失业保险		
社会保险——工伤保险		
社会保险——医疗保险		
社会保险——生育保险		
社会保险——其他人身保险		
住房公积金		
应付利息	单位往来	
预提费用	单位往来	
预提费用——保险费	单位往来	
预提费用——修理费	单位往来	
预提费用——广告费	单位往来	
预提费用——租赁费	单位往来	
预提费用——租赁费——卖场租赁费	单位往来	
预提费用——租赁费——办公区租赁费	单位往来	
预提费用——租赁费——库房租赁费	单位往来	
预提费用——空调取暖费	单位往来	
预提费用——保安费	单位往来	
预提费用——物业费	单位往来	
预提费用——水电费	单位往来	

续表

新科目名称	科目特征	部门核算
预提费用——水电费——水费	单位往来	
预提费用——水电费——电费	单位往来	
预提费用——车辆租赁费	单位往来	
预提费用——保洁费	单位往来	
预计负债	一般	
递延收益	一般	
长期借款	一般	
应付债券	一般	
长期应付款	单位往来	
专项应付款	一般	
递延所得税负债	一般	
实收资本	一般	
上级拨入	一般	
资本公积	一般	
盈余公积	一般	
盈余公积——法定盈余公积	一般	
盈余公积——任意盈余公积	一般	
盈余公积——法定公益金	一般	
盈余公积——储备基金	一般	
盈余公积——企业发展基金	一般	
盈余公积——企业发展基金——补充流动资金	一般	
盈余公积——企业发展基金——购建固定资产	一般	
盈余公积——利润归还投资	一般	
本年利润	一般	
利润分配	一般	
利润分配——其他转入	一般	
利润分配——提取法定盈余公积	一般	
利润分配——提取法定公益金	一般	
利润分配——提取储备基金	一般	
利润分配——提取企业发展基金	一般	
利润分配——提取职工奖励及福利基金	一般	

新科目名称	科目特征	部门核算
利润分配——利润归还投资	一般	
利润分配——应付优先股股利	一般	
利润分配——提取任意盈余公积	一般	
利润分配——未分配利润	一般	
生产成本	一般	
制造费用	一般	
劳务成本	一般	
主营业务收入	一般	部门
主营业务收入——超市	一般	部门
主营业务收入——超市——食品销售	一般	部门
主营业务收入——超市——百货销售	一般	部门
主营业务收入——超市——联营厂商	单位往来	部门
主营业务收入——超市——返利	单位往来	部门
主营业务收入——超市——折扣折让	一般	部门
主营业务收入——超市——折扣折让——食品销售	一般	部门
主营业务收入——超市——折扣折让——百货销售	一般	部门
主营业务收入——超市——折扣折让——联营厂商	单位往来	部门
其他业务收入	单位往来	
其他业务收入——超市	单位往来	
其他业务收入——超市——租赁业务收入	单位往来	部门
其他业务收入——超市——租赁业务收入——租金收入	单位往来	部门
其他业务收入——超市——租赁业务收入——设备租赁收入	单位往来	部门
其他业务收入——超市——管理服务收入	单位往来	部门
其他业务收入——超市——营运服务收入	单位往来	部门
其他业务收入——超市——营运服务收入——新商品促销服务费	单位往来	部门
其他业务收入——超市——营运服务收入——宣传促销服务费	单位往来	部门
其他业务收入——超市——营运服务收入——陈列促销服务费	单位往来	部门

新科目名称	科目特征	部门核算
其他业务收入——超市——营运服务收入——其他促销服务费	单位往来	部门
其他业务收入——超市——材料销售收入	单位往来	
其他业务收入——超市——餐饮业务	单位往来	
其他业务收入——超市——代收代付业务	单位往来	
其他业务收入——超市——其他	单位往来	
投资收益	一般	
营业外收入	一般	
营业外收入——固定资产盘盈	一般	
营业外收入——处理固定资产净收益	一般	
营业外收入——资产再次评估增值	一般	
营业外收入——接受捐赠转入	一般	
营业外收入——罚款收入	一般	
营业外收入——保险理赔收入	一般	
营业外收入——出售无形资产收益	一般	
营业外收入——补贴收入	一般	
营业外收入——其他	一般	
主营业务成本	一般	部门
主营业务成本——超市	一般	部门
主营业务成本——超市——食品	一般	部门
主营业务成本——超市——百货	一般	部门
主营业务成本——超市——联营厂商	单位往来	部门
税金及附加	一般	
税金及附加——城市维护建设税	一般	
税金及附加——教育费附加	一般	
其他业务支出	一般	
其他业务支出——税费	一般	
其他业务支出——税费——城建税	一般	
其他业务支出——税费——教育费附加	一般	
其他业务支出——税费——其他	一般	
其他业务支出——材料成本核算	一般	

新科目名称	科目特征	部门核算
其他业务支出——餐饮业务	一般	
其他业务支出——代收代付业务	一般	
其他业务支出——其他	一般	
销售费用	一般	部门
销售费用——广告费	一般	部门
销售费用——广告费——媒体广告费	一般	部门
销售费用——广告费——其他广告费	一般	部门
销售费用——租赁费	一般	部门
销售费用——租赁费——卖场租赁费	一般	部门
销售费用——租赁费——其他房产租赁费	一般	部门
销售费用——租赁费——设备租赁费	一般	部门
销售费用——水电费	一般	部门
销售费用——水电费——水费	一般	部门
销售费用——水电费——电费	一般	部门
销售费用——水电费——收取水电费	一般	部门
销售费用——空调、取暖费	一般	部门
销售费用——通讯费	一般	部门
销售费用——通讯费——固定电话费	一般	部门
销售费用——通讯费——移动电话费	一般	部门
销售费用——通讯费——数据通信费	一般	部门
销售费用——交通费	一般	部门
销售费用——修理费	一般	部门
销售费用——修理费——设备维修	一般	部门
销售费用——修理费——房屋维修	一般	部门
销售费用——修理费——修理材料	一般	部门
销售费用——保险费	一般	部门
销售费用——办公费	一般	部门
销售费用——办公费——专用纸张	一般	部门
销售费用——办公费——办公耗材	一般	部门
销售费用——办公费——电脑耗材	一般	部门
销售费用——办公费——购买发票	一般	部门

新科目名称	科目特征	部门核算
销售费用——办公费——其他费用	一般	部门
销售费用——书报资料费	一般	部门
销售费用——低值易耗品摊销	一般	部门
销售费用——折旧费	一般	部门
销售费用——检验费	一般	部门
销售费用——展览费	一般	部门
销售费用——运杂费用	一般	部门
销售费用——运杂费用——租车费用	一般	部门
销售费用——运杂费用——车辆费用	一般	部门
销售费用——运杂费用——车辆费用——修理费	一般	部门
销售费用——运杂费用——车辆费用——过路过桥费	一般	部门
销售费用——运杂费用——车辆费用——停车费	一般	部门
销售费用——运杂费用——车辆费用——油料费	一般	部门
销售费用——运杂费用——车辆费用——年审年检费	一般	部门
销售费用——印刷费	一般	部门
销售费用——印刷费——发票印刷费	一般	部门
销售费用——印刷费——表单印刷费	一般	部门
销售费用——业务招待费	一般	部门
销售费用——工资	一般	部门
销售费用——工资——基本工资	一般	部门
销售费用——工资——考核工资	一般	部门
销售费用——工资——伙食补贴	一般	部门
销售费用——工资——住房补贴	一般	部门
销售费用——工资——加班工资	一般	部门
销售费用——工资——其他	一般	部门
销售费用——工资——奖金	一般	部门
销售费用——福利费	一般	部门
销售费用——长期待摊费用	一般	部门
销售费用——长期待摊费用——固定资产改良支出	一般	部门
销售费用——长期待摊费用——其他	一般	部门
销售费用——社会保险费	一般	部门

新科目名称	科目特征	部门核算
销售费用——社会保险费——养老保险费	一般	部门
销售费用——社会保险费——失业保险费	一般	部门
销售费用——社会保险费——医疗保险费	一般	部门
销售费用——社会保险费——工伤保险费	一般	部门
销售费用——社会保险费——生育保险费	一般	部门
销售费用——社会保险费——住房公积金	一般	部门
销售费用——社会保险费——其他人身保险	一般	部门
销售费用——保洁费	一般	部门
销售费用——保洁费——保洁公司费用	一般	部门
销售费用——保洁费——保洁耗材（领）	一般	部门
销售费用——保洁费——其他保洁费	一般	部门
销售费用——物业管理费	一般	部门
销售费用——差旅费	一般	部门
销售费用——差旅费——市内交通费	一般	部门
销售费用——差旅费——住宿费	一般	部门
销售费用——差旅费——补助费	一般	部门
销售费用——人事培训费	一般	部门
销售费用——人事培训费——内部培训费	一般	部门
销售费用——人事培训费——外部培训费	一般	部门
销售费用——人事培训费——人事招聘费用	一般	部门
销售费用——伙食费	一般	部门
销售费用——邮寄费	一般	部门
销售费用——邮寄费——文件材料邮寄费	一般	部门
销售费用——保安费	一般	部门
销售费用——保安费——治安管理费	一般	部门
销售费用——保安费——保安耗材（领）	一般	部门
销售费用——保安费——其他保安费	一般	部门
销售费用——排污费	一般	部门
销售费用——企划费	一般	部门
销售费用——企划费——企划活动费	一般	部门

续表

新科目名称	科目特征	部门核算
销售费用——企划费——企划活动费——场内企划布置费	一般	部门
销售费用——企划费——企划活动费——场外促销活动费	一般	部门
销售费用——企划费——企划活动费——文宣活动费	一般	部门
销售费用——企划费——企划活动费——企划耗材（领）	一般	部门
销售费用——企划费——快讯费	一般	部门
销售费用——企划费——快讯费——快讯拍摄费	一般	部门
销售费用——企划费——快讯费——快讯制作费	一般	部门
销售费用——企划费——快讯费——快讯印刷费	一般	部门
销售费用——企划费——快讯费——快讯邮寄费	一般	部门
销售费用——包装费	一般	部门
销售费用——包装费——包装袋（领）	一般	部门
销售费用——包装费——其他包装物（领）	一般	部门
销售费用——存货盘亏或盘盈	一般	部门
销售费用——存货盘亏或盘盈——原材料盘亏或盘盈	一般	部门
销售费用——存货盘亏或盘盈——低值易耗品盘亏或盘盈	一般	部门
销售费用——存货盘亏或盘盈——库存商品盘亏或盘盈	一般	部门
销售费用——其他耗材领用	一般	部门
销售费用——其他耗材领用——生鲜耗材	一般	部门
销售费用——其他耗材领用——其他耗材	一般	部门
销售费用——咨询费	一般	部门
销售费用——审计费	一般	部门
销售费用——无形资产摊销	一般	部门
销售费用——燃气费	一般	部门
销售费用——工会经费	一般	部门
销售费用——董事会经费	一般	部门
销售费用——证照登记费	一般	部门
销售费用——会议费	一般	部门

新科目名称	科目特征	部门核算
销售费用——职工教育经费	一般	部门
销售费用——年审费	一般	部门
销售费用——诉讼费	一般	部门
销售费用——残疾人就业保证金	一般	部门
销售费用——其他	一般	部门
销售费用——其他——无发票费用	一般	部门
销售费用——其他——其他	一般	部门
管理费用	一般	部门
管理费用——租赁费	一般	部门
管理费用——租赁费——卖场租赁费	一般	部门
管理费用——租赁费——其他房产租赁费	一般	部门
管理费用——租赁费——设备租赁费	一般	部门
管理费用——水电费	一般	部门
管理费用——水电费——水费	一般	部门
管理费用——水电费——电费	一般	部门
管理费用——水电费——收取水电费	一般	部门
管理费用——空调、取暖费	一般	部门
管理费用——通讯费	一般	部门
管理费用——通讯费——固定电话费	一般	部门
管理费用——通讯费——移动电话费	一般	部门
管理费用——通讯费——数据通信费	一般	部门
管理费用——交通费	一般	部门
管理费用——修理费	一般	部门
管理费用——修理费——设备维修	一般	部门
管理费用——修理费——房屋维修	一般	部门
管理费用——修理费——修理耗材	一般	部门
管理费用——保险费	一般	部门
管理费用——保险费——车辆险	一般	部门
管理费用——保险费——财产险	一般	部门
管理费用——保险费——公众责任险	一般	部门
管理费用——保险费——其他险种	一般	部门

续表

新科目名称	科目特征	部门核算
管理费用——办公费	一般	部门
管理费用——办公费——专用纸张	一般	部门
管理费用——办公费——办公耗材	一般	部门
管理费用——办公费——电脑耗材	一般	部门
管理费用——办公费——购买发票	一般	部门
管理费用——办公费——其他费用	一般	部门
管理费用——书报资料费	一般	部门
管理费用——低值易耗品摊销	一般	部门
管理费用——折旧费	一般	部门
管理费用——检验费	一般	部门
管理费用——展览费	一般	部门
管理费用——运杂费用	一般	部门
管理费用——运杂费用——租车费用	一般	部门
管理费用——运杂费用——车辆费用	一般	部门
管理费用——运杂费用——车辆费用——修理费	一般	部门
管理费用——运杂费用——车辆费用——过路过桥费	一般	部门
管理费用——运杂费用——车辆费用——停车费	一般	部门
管理费用——运杂费用——车辆费用——油料费	一般	部门
管理费用——运杂费用——车辆费用——年审年检费	一般	部门
管理费用——印刷费	一般	部门
管理费用——印刷费——发票印刷费	一般	部门
管理费用——印刷费——表单印刷费	一般	部门
管理费用——业务招待费	一般	部门
管理费用——工资	一般	部门
管理费用——工资——基本工资	一般	部门
管理费用——工资——考核工资	一般	部门
管理费用——工资——伙食补贴	一般	部门
管理费用——工资——住房补贴	一般	部门
管理费用——工资——加班工资	一般	部门
管理费用——工资——其他	一般	部门
管理费用——工资——奖金	一般	部门

新科目名称	科目特征	部门核算
管理费用——福利费	一般	部门
管理费用——长期待摊费用摊销	一般	部门
管理费用——长期待摊费用摊销——固定资产改良支出摊销	一般	部门
管理费用——长期待摊费用摊销——其他	一般	部门
管理费用——社会保险费	一般	部门
管理费用——社会保险费——养老保险费	一般	部门
管理费用——社会保险费——失业保险费	一般	部门
管理费用——社会保险费——医疗保险费	一般	部门
管理费用——社会保险费——工伤保险费	一般	部门
管理费用——社会保险费——生育保险费	一般	部门
管理费用——社会保险费——住房公积金	一般	部门
管理费用——社会保险费——其他人身保险	一般	部门
管理费用——保洁费	一般	部门
管理费用——保洁费——保洁公司费用	一般	部门
管理费用——保洁费——保洁耗材（领）	一般	部门
管理费用——保洁费——其他保洁费	一般	部门
管理费用——物业管理费	一般	部门
管理费用——差旅费	一般	部门
管理费用——差旅费——市际交通费	一般	部门
管理费用——差旅费——住宿费	一般	部门
管理费用——差旅费——补助费	一般	部门
管理费用——人事培训费	一般	部门
管理费用——人事培训费——内部培训费	一般	部门
管理费用——人事培训费——外部培训费	一般	部门
管理费用——人事培训费——人事招聘费用	一般	部门
管理费用——伙食费	一般	部门
管理费用——邮寄费	一般	部门
管理费用——邮寄费——文件材料邮寄费	一般	部门
管理费用——税金	一般	部门
管理费用——税金——印花税	一般	部门

续表

新科目名称	科目特征	部门核算
管理费用——税金——车船使用费	一般	部门
管理费用——税金——房产税	一般	部门
管理费用——税金——其他	一般	部门
管理费用——保安费	一般	部门
管理费用——保安费——治安管理费	一般	部门
管理费用——保安费——保安耗材（领）	一般	部门
管理费用——保安费——其他保安费	一般	部门
管理费用——排污费	一般	部门
管理费用——企划费	一般	部门
管理费用——企划费——企划活动费	一般	部门
管理费用——企划费——企划活动费——场内企划布置费	一般	部门
管理费用——企划费——企划活动费——场外促销活动费	一般	部门
管理费用——企划费——企划活动费——文宣活动费	一般	部门
管理费用——企划费——企划活动费——企划耗材（领）	一般	部门
管理费用——企划费——快讯费	一般	部门
管理费用——企划费——快讯费——快讯拍摄费	一般	部门
管理费用——企划费——快讯费——快讯制作费	一般	部门
管理费用——企划费——快讯费——快讯印刷费	一般	部门
管理费用——企划费——快讯费——快讯邮寄费	一般	部门
管理费用——包装费	一般	部门
管理费用——包装费——包装袋（领）	一般	部门
管理费用——包装费——其他包装物（领）	一般	部门
管理费用——存货盘亏或盘盈	一般	部门
管理费用——存货盘亏或盘盈——原材料盘亏或盘盈	一般	部门
管理费用——存货盘亏或盘盈——低值易耗品盘亏或盘盈	一般	部门
管理费用——存货盘亏或盘盈——库存商品盘亏或盘盈	一般	部门
管理费用——其他耗材领用	一般	部门

续表

新科目名称	科目特征	部门核算
管理费用——其他耗材领用——生鲜耗材	一般	部门
管理费用——其他耗材领用——其他耗材	一般	部门
管理费用——咨询费	一般	部门
管理费用——审计费	一般	部门
管理费用——无形资产摊销	一般	部门
管理费用——燃气费	一般	部门
管理费用——工会经费	一般	部门
管理费用——董事会经费	一般	部门
管理费用——证照登记费	一般	部门
管理费用——会议费	一般	部门
管理费用——职工教育经费	一般	部门
管理费用——年审费	一般	部门
管理费用——诉讼费	一般	部门
管理费用——残疾人就业保证金	一般	部门
管理费用——其他	一般	部门
管理费用——其他——无发票费用	一般	部门
管理费用——其他——其他	一般	部门
财务费用	一般	
财务费用——手续费	一般	
财务费用——利息	一般	
财务费用——利息——利息收入	一般	
财务费用——利息——利息支出	一般	
财务费用——汇兑损失	一般	
资产减值损失	一般	
坏账准备	一般	
存货跌价准备	一般	
固定资产减值准备	一般	
在建工程减值准备	一般	
无形资产减值准备	一般	
营业外支出	一般	
营业外支出——固定资产盘亏	一般	

续表

新科目名称	科目特征	部门核算
营业外支出——处置固定资产净损失	一般	
营业外支出——捐赠支出	一般	
营业外支出——罚款支出	一般	
营业外支出——债务重组损失	一般	
营业外支出——其他	一般	
所得税	一般	
以前年度损益调整	一般	